Peter Pilz

# HEIMAT ÖSTERREICH

Peter Pilz

# HEIMAT ÖSTERREICH

### Ein Aufruf
### zur Selbstverteidigung

ueberreuter

1. Auflage 2017
© Carl Ueberreuter Verlag, Wien 2017
ISBN 978-3-8000-7691-8

Covergestaltung: Saskia Beck, s-stern.com
Coverbild: © Shutterstock
Satz: Hannes Strobl, Satz·Grafik·Design, Neunkirchen
Druck und Bindung: Finidr s. r. o.

www.ueberreuter-sachbuch.at

# Inhalt

# ZWEI TÜREN

Die grüne Tür schließt sich hinter mir. Eine andere geht auf. Damit geht etwas zu Ende, und etwas Neues beginnt.

Am Sonntag, den 25. Juni 2017, erlebte ich in Linz meinen letzten grünen Bundeskongress. Dort bin ich abgewählt worden, ebenso demokratisch wie überraschend. Demokratie heißt, dass niemand das Ergebnis einer Wahl schon im Vorhinein kennt. Die Grünen sind eine demokratische Partei, eine der wenigen.

Dieses Ergebnis habe ich respektiert.

Schon am Rückweg von Linz habe ich mich gefragt, warum mich meine Grünen mitten im laufenden Eurofighter-Untersuchungsausschuss und in meinem politisch erfolgreichsten Jahr nicht gewählt haben. Ich habe mich gefragt, warum ich nur so kurz überrascht und auch enttäuscht war. Und warum das binnen weniger Minuten einem Gefühl der Erleichterung gewichen ist.

Die Antwort darauf war einfach. In Linz kam es zu keinem überraschenden Bruch. Dieser hatte eine lange Vorgeschichte.

Dazu muss man eines wissen: Die grüne Entwicklung folgt einem Muster. Seit 1986 haben die Grünen eine grüne Stufe nach der anderen erklommen:

- 1986, als sie die 4-Prozent-Hürde überwanden, mit Freda Meissner-Blau in den Nationalrat einzogen und mit Umweltschutz, Feminismus und Gewaltfreiheit drei neue Themen ins Parlament brachten;

- knapp zehn Jahre später, als sie sich entschieden, mit Alexander Van der Bellen von der alternativen Nischenpartei zur Reformpartei innerhalb des „Systems" zu werden, und damit auf rund acht Prozent aufstiegen;

- und dann Anfang 2003, als wir zu viert – Van der Bellen, Petrovic, Voggenhuber und ich – in einem Erweiterten Bundesvorstand Regierungsverhandlungen mit der ÖVP durchsetzten und damit die Entscheidung für das Regieren trafen – und schließlich statt im Bund in Oberösterreich wenig später mit der ÖVP eine Regierung bildeten.

Das waren die ersten drei Stufen und die ersten zwölf Prozent. Jede dieser Etappen ist Teil der grünen Erfolgsgeschichte.

Die Regierungsbeteiligungen in Salzburg, Tirol, Kärnten, Wien und Vorarlberg folgten. Viele glaubten, das ginge einfach so weiter: Steiermark, Niederösterreich – und dann die Bundesregierung in Wien.

Im Herbst 2015 war es wieder so weit. Die Wahlen in Wien und Oberösterreich gingen verloren. Der schöne grüne Film hatte plötzlich einen Riss bekommen. Die Grünen standen vor der nächsten Stufe.

Wer wollte, konnte es sehen: Die politische Lage hatte sich grundlegend geändert. Es ging plötzlich nicht mehr um Umwelt und Menschenrechte. Es ging um Sicherheit und Ausländer.

Protestwähler hatten Wechselwähler als wahlentscheidende Gruppe abgelöst. Für die nächste Nationalratswahl war damit klar: Wer die neuen Themen mit seinen Inhalten besetzt und wer ihre Wähler überzeugt, der wird diese Richtungswahl gewinnen.

Meinen Grünen hätte das eine große Öffnung zu genau diesen wahlentscheidenden Gruppen abverlangt. Ab dem Herbst 2015 versuchte ich sie davon zu überzeugen, zuerst in internen, dann in öffentlichen Debatten.

Es war wie immer: Die einen warnten, was wir alles beim Versuch, die nächste Stufe zu erklimmen, verlieren könnten. Wir anderen sahen wieder einmal die Chance und wollten es probieren. Aber diesmal fand die Öffnung nicht statt.

Damit begann sich der politische Wind gegen die Grünen zu drehen. Im Mai 2015 lagen wir in allen Umfragen bundesweit bei 15 Prozent. Im Mai 2017 fanden wir uns bei acht Prozent wieder. Fast die Hälfte unserer Wähler und Wählerinnen hatte sich von uns abgewandt. Und neue hatten wir keine gewonnen.

Dann kam Linz. Eine Rednerin nach der anderen appellierte an die anwesenden Delegierten, den guten Weg gemeinsam weiterzugehen. Ich plädierte für die Öffnung zu den Menschen, die sich von unserem politischen System abgewandt haben. Und verlor meine Wahl.

Der Kongress hat mir damit eine Entscheidung abgenommen. Aber die zweite Entscheidung musste ich selbst treffen. Sie war nicht schwer, aus zwei Gründen:

1. Die sieben Prozent, die die Grünen bereits vertrieben haben, können ohne Änderung ihrer Politik von ihnen selbst nicht zurückgeholt werden. Einige würden wohl zum bewährten geringeren Übel greifen und SPÖ wählen.

Aber für viele andere gäbe es angesichts der Öffnung der SPÖ zur FPÖ keine wählbare Alternative mehr.

2. Am Tag nach Linz begann meine Mailbox überzugehen. Am Anfang waren es enttäuschte Grüne, aber im Laufe der Woche kamen ganz andere dazu. „Wir wollen eine neue Liste."

Dann rief mich mein Freund und Anwalt Alfred Noll an: „Die Leute wollen es. Tritt an. Ich bin dabei!"

So ging es los.

# UNSERE HEIMAT VERTEIDIGEN

Europa ist sicher. Europa ist ein freier Kontinent des Wohlstands und des friedlichen Zusammenlebens. Unsere Eltern haben Europa wiederaufgebaut. Wir haben mit ihnen erlebt, wie alles besser wurde. Und wir waren überzeugt: Das geht so weiter. Nie wieder Krieg. Offene Grenzen. Eine gemeinsame Währung und ein gemeinsames Parlament.

In einer unsicheren Welt war eines klar: Das ist unser sicheres Europa. Und in seiner Mitte liegt eines der reichsten und sichersten Länder der Welt: unsere Heimat, Österreich.

Wir alle waren uns sicher: Es geht so weiter. Europa wächst zusammen. Jetzt eine gemeinsame Währung, morgen eine gemeinsame Außenpolitik und vielleicht auch erste Schritte in eine Umweltgemeinschaft und in eine Sozialunion. Natürlich gab es immer wieder Rückschläge. Aber nach jedem dieser kurzen Zwischentiefs kam das nächste Hoch. Darauf konnten wir uns verlassen.

Es hat nur wenige Jahre gebraucht, und wir stellen fest: Wir haben diese Sicherheiten verloren. Plötzlich ist die Zukunft nicht mehr der Ort, wo alles noch besser wird. Immer mehr Menschen haben Angst. Und immer mehr Parteien beschließen, diese Ängste auszunützen.

Was ist passiert?

Wer sich das fragt, muss einmal klären, was die „Heimat Europa" ist, die jetzt in Gefahr gerät.

Unsere Heimat Europa ist ein einzigartiger Kontinent: die Heimat von Menschenrechten und Bürgerrechten, in der Meinungsfreiheit und Pressefreiheit, Versammlungsfreiheit und Religionsfreiheit und vor allem die Freiheit, über sein eigenes Leben zu bestimmen, selbstverständlich sind; die Heimat des Verfassungsstaates und der unabhängigen Justiz; die Heimat der Gleichberechtigung von Frauen und Männern und der strikten Trennung von Kirche und Staat; und natürlich die Heimat der parlamentarischen Demokratie.

Die Idee, die die USA zusammenhält, handelt von der großen amerikanischen Freiheit. Europa hat eine andere Geschichte, eine andere Kultur und damit ein anderes Fundament: den Sozialstaat. Lange war Europa der Kontinent der Kriege. Erst das Wirtschaftswunder nach dem Zweiten

Weltkrieg schuf einen friedlich verteilten Reichtum, von dem alle profitierten. Solange alle glauben, dass es besser wird, bleibt Europa friedlich. Aber wenn dieses Fundament bricht, kann Europa mit zerbrechen.

Europas Feinde wissen das. Von Ungarn bis Frankreich greift die nationalistische Rechte an. In Russland, Ungarn, Polen und in der Türkei hat sie bereits die Macht übernommen. Ihr Ziel ist die Zerschlagung Europas.

Der zweite Feind ist der politische Islam. Mit Milliarden aus Ankara und Riad werden in unseren Städten erste Zellen zu Brückenköpfen ausgebaut. Staatlich gesteuerte Moscheeverbände, Kulturvereine, Schulen und Kindergärten haben ein Ziel: eingewanderte oder hier geborene Muslime zu isolieren, ihre Integration zu verhindern und sie zu Instrumenten ihrer Interessen zu machen.

Dagegen müssen wir unsere Heimat Europa und unsere Heimat Österreich verteidigen. Mit allen Mitteln, die uns Rechtsstaat und Demokratie zur Verfügung stellen.

Aber ist Europa bereit – und ist es in der Lage, sich zu verteidigen?

Mit der Bankenkrise und der Flüchtlingskrise haben zwei große Krisen Europa auf die Probe gestellt. An der Bankenkrise ist die EU doppelt gescheitert. Die EU hat nur die Banken gerettet und viel zu viele Menschen im Stich gelassen. Und sie hat sich dem Diktat der Finanzwirtschaft gebeugt und auf den Wechsel in ein neues, spekulantenfestes System verzichtet. Mitten in der Flüchtlingskrise scheint ein neuerliches Scheitern möglich.

Das europäische Desaster ist auch ein Versagen der EU. In seinem Kern ist es aber ein Versagen der alten nationalen Regierungen. Sozialdemokraten und Christlichsoziale sind am Ende. Land für Land werden sie abgewählt, weil ihnen niemand mehr zutraut, die großen Probleme zu lösen.

Durch ihr Versagen scheint es erstmals möglich: Die EU kann zerbrechen. Jeder neue Grenzzaun macht uns klar: Das offene gemeinsame Europa kann schon in wenigen Jahren nur mehr eine schöne, verblassende Erinnerung sein.

Wenn es bergab geht, dann gilt ein Gesetz: Alles wird schneller. Was gestern unvorstellbar war, wird heute denkbar und morgen vielleicht Realität. Offene Grenzen, Reisefreiheit, Euro, EU – das waren bis gestern Selbstverständlichkeiten. Mit jeder nationalen Richtungswahl hat das gemeinsame Europa plötzlich ein weiteres Ablaufdatum.

Aber jeder neue Zaun und jeder Soldat an den alten Grenzen ist ein Schritt in die falsche Richtung.

Noch ist alles möglich, von einem gemeinsamen Weg aus den Krisen bis zu einer Kette von Brüchen, wie damals vor knapp 90 Jahren, als es am Ende nur noch zwei große Antworten gab: Roosevelt oder Hitler.

Auch heute bewegt sich Europa auf eine politische Weggabelung zu. Lange war die nationalistische Regierung Ungarns im Europäischen Rat isoliert. Dann ist Polen dazugestoßen. Wenn sich Wien dazugesellt, besetzt die nationalistische Rechte erstmals starke Positionen im Zentrum Europas. Und am Rande des Kontinents erhöhen autoritäre Regimes in Moskau und Ankara den Druck auf die Union und ihre Grundwerte.

Die rechten Pole sind von Finnland bis Österreich fast überall stark besetzt. Ihre Parteien greifen nach der Macht. Aber es gibt auch Alternativen: traditionell linke wie Syriza in Griechenland oder Corbyns Labour in Großbritannien; liberale wie Macron in Frankreich; und unberechenbare wie Grillos fünf Wackelsterne in Italien.

## KAPFENBERG

Wenn ich an meine Heimatstadt denke, erinnere ich mich an ein Gefühl der Zuversicht. Das Leben wurde besser, auf der ganzen Welt, aber vor allem in Kapfenberg. Die Ge-

genwart war das nächste Stück Zukunft, und von der hatte Kapfenberg mehr als alle anderen.

Die wichtigste Voraussetzung für einen friedlichen Verteilungsprozess war gegeben: Von allem war etwas da, wenig am Anfang, immer mehr mit der Zeit. Kapfenberg war die Böhlerstadt, und bei Böhler fanden mehr als 11.000 Menschen Arbeit. Kapfenberg wurde immer reicher, und alle hatten etwas davon. Man konnte nicht alles auf einmal haben, aber eines nach dem anderen würde man sich leisten können. Wenn ich an die 60er-Jahre und an zu Hause denke, spüre ich heute noch diese Mischung aus Sicherheit und Zuversicht. Alles war besser geworden, und alles würde noch viel besser werden.

Die Aufbaugeneration, das waren in unserer Böhler-Siedlung Familien mit 40-jährigen Vätern, die aus dem Werk und der Stadt etwas machten und am Abend spät nach Hause kamen. Der unaufhaltsame Fortschritt, so wussten wir, würde noch ganz anderes möglich machen. Es wurde viel gefeiert und getanzt. Die Mondlandung war nur noch eine Frage der Zeit und konnte daher im Schlager vorweggenommen werden: „Der Mann im Mond – der hat es schwer – denn man verschont – ihn heut nicht mehr. – Er sieht uns bang – von oben zu – und fragt: Wie lang – hab ich noch Ruh?"

Irgendwie war ganz Österreich damals Kapfenberg, ein bisschen mehr oder ein bisschen weniger. Wir verdanken diesen Jahrzehnten des Wiederaufbaus die Basis für vieles, was wir heute haben. Wir verdanken der Generation unserer Eltern auch die Einsicht, dass man weit weniger viel fairer verteilen kann. Aber das ändert nichts daran: Das alles ist vorbei.

Wenn ich heute nach Hause fahre, komme ich in einer anderen Stadt an. Sicher, es wird wieder besser. Aber es ist nicht mehr so gut.

## DAS PULVERFASS

Schon ein kurzer Blick auf die Entwicklung des Bruttoinlandsprodukts zeigt es: Heute ist Österreich um ein Vielfaches reicher als damals in den 60er- und 70er-Jahren des vorigen Jahrhunderts. Alle gemeinsam haben wir immer mehr – aber immer mehr Menschen haben immer weniger davon. Das ist die Geschichte der letzten 30 Jahre.

Heute wissen die Menschen: In den Finanzkrisen wurden Banken gerettet. Menschen wurden im Stich gelassen. Und die Umwelt wird weiter zerstört.

Die drei Jahrzehnte entfesselter Finanzmärkte haben das europäische Pulverfass gefüllt. Mit der Deregulierung der Finanzmärkte hat die Politik die Lunten gelegt, weil sie nur eines fürchtete: dass die Märkte nervös werden. Jetzt werden immer mehr Menschen nervös und verlieren die Geduld. Sie haben recht.

„Alle gemeinsam gewinnen, allen gemeinsam geht es besser. Die einen gewinnen mehr, die anderen weniger. Aber niemand verliert." Das war der europäische Konsens über den gemeinsamen Weg in eine bessere Zukunft.

Unter dem Titel „Soziale Marktwirtschaft" galt der Konsens lange als Leitmodell von Wirtschaft und Politik. Mit der neoliberalen Wende ist dieser Konsens aufgekündigt worden. Spekulation statt Investition, schnelle Gewinne statt nachhaltiger Entwicklung und vor allem Umverteilung, von unten nach oben, das waren die Jahre von Reagan und Thatcher bis May und Schäuble.

1979 verfügten allein in den USA die 16.000 reichsten Familien und damit 0,01 Prozent der Bevölkerung über einen Anteil von zwei Prozent am gesamten Vermögen. 2012 war dieser Anteil auf elf Prozent gestiegen. In Österreich ist es kaum anders: Die obersten fünf Prozent verfügen über rund 58 Prozent des gesamten Vermögens. Allein das reichste Prozent der Österreicher besitzt 37 Prozent des

Vermögens, während auf die unteren 50 Prozent gerade einmal 2,2 Prozent des Vermögens entfallen. Vermögenssteuern, so wird uns vorgegaukelt, träfen „die Mitte". Aber das ist falsch. Sie treffen nur dort spürbar, wo sich die Vermögen konzentrieren. Und das ist ganz oben.

Auch bei den Einkommen geht die Schere in Österreich immer weiter auseinander. Die mittleren inflationsbereinigten Bruttojahreseinkommen lagen 2013 um 4,43 Prozent unter dem Basiswert von 1998. Besonders dramatisch wird es, wenn man – inflationsbereinigt – die untersten zehn Prozent der Einkommen mit den oberen zehn Prozent vergleicht. Im Zeitraum 1998 bis 2013 sind die Einkommen für die unteren zehn Prozent um 35 Prozent gesunken, während jene der obersten zehn Prozent um zumindest vier Prozent gestiegen sind. Wer ein Drittel seines Einkommens verliert, verliert irgendwann auch etwas anderes: den Glauben an die Gerechtigkeit.

Die großen Vermögen wachsen, die kleinen Einkommen schrumpfen. Aber trotzdem sind es die kleinen und mittleren Einkommensbezieher, die für die Risiken der Großen geradestehen. Die Gewinne werden von unten nach oben, die Schulden von oben nach unten verteilt. Von Washington bis Berlin haben die Regierungen mit der Liberalisierung der Finanzmärkte einen Damm gesprengt. Nach der Überschwemmung haben sie eine gemeinsame Antwort gefunden: europäische „Schwimmreifen" auf Steuerkosten.

Das Finanzkapital schafft keine neuen Werte. Es verteilt nur um. Dabei ist sein Erfolg beeindruckend. Noch nie ist so vielen genommen und so wenigen so viel gegeben worden. Im Kern ist der Finanzkapitalismus ein großer legaler Diebstahl. Die Banken sind seine Hehler. Die Regierungen sorgen für die Sicherheit. Sie alle sind beteiligt, am Gewinn und an der Macht.

Im Boom lässt sich das Finanzkapital von allen Anlegern die Blase füllen. Wenn sie platzt, stellen kleine Anleger und Pensionsfonds fest, dass die Gewinne längst verschoben sind und sie allein vor dem Nichts stehen.

Am Ende jeder großen Spekulation verfliegt die Euphorie. In der Phase der Ernüchterung beginnt der Streit, wer den Schaden bezahlen soll. Von den Banken bis zu den Ratingagenturen erpressen die Täter ihre Opfer. Sie drohen mit dem Zusammenbruch des gesamten Systems. Sie erklären sich für „systemrelevant" und verteidigen ihre Positionen mit allen Mitteln, die ihnen zur Verfügung stehen.

Da schlägt dann die Stunde des Parlaments. Der Finanzminister übermittelt dem Finanzausschuss Vorlagen, die immer dasselbe sagen: Ein Paket muss geschnürt werden, aus Steuergeld, für notleidende Spekulanten.

Natürlich wird es mit großer Mehrheit beschlossen. Die Haltung hinter diesem Vorgang hat einen hübschen Namen: Wirtschaftskompetenz.

## FLUCHTHELFER

Die einen zahlen Steuern. Die anderen lassen ihre Steuergelder flüchten. Billionen Euro verschwinden: als versteckte Vermögen und Schmiergelder in der Schweiz, in Hongkong und Singapur, als hinterzogene Umsatzsteuern über Luxemburg, ganz legal über Fluchttarife über Irland und die Niederlande und über fein gesponnene Netze aus Scheinfirmen über Inseln im Kanal, in der Karibik und in den USA.

Die „Big Four" – Deloitte, Ernst & Young, Pricewaterhouse Coopers und KPMG – nennen sich „Finanzindustrie" und helfen mit Expertise und Beziehungen, ihren Kunden auf Kosten der Staaten der EU jedes Jahr viele Milliarden Euro zu ersparen. Sie schleusen das Geld aus dem Land und bestätigen dann durch ihre Testate, dass alles ordentlich und gesetzestreu vor sich gegangen ist.

In fast allen europäischen Hauptstädten sorgen die Finanzminister als Geldfluchthelfer für angenehme Fluchtbedingungen. Österreich steht dabei verlässlich auf der falschen Seite. Mit einem Justizminister, der früher in seinem Brotberuf Steuerflüchtlinge in Liechtenstein mit Rat und Tat bis Malta und Panama umsorgte, und einem Finanzminister, der in seinem früheren Unternehmen die Steuerflucht mit organisierte, achten zwei Spezialisten auf die Interessen ihrer Klientel.

Allein an geflüchteten Gewinnsteuern verliert Österreich jährlich rund 200 Millionen Euro. Dazu kommen Einkommensteuern, die in der Schweiz und in Liechtenstein verschwinden, und Umsatzsteuern, die es aus Irland und den Niederlanden nie nach Österreich schaffen. Die Putzfrau, die nach Angabe des US-Milliardärs Warren Buffett mehr Steuern als der von ihr geputzte Konzern zahlt, könnte auch Österreicherin sein.

Ikea, Apple, Starbucks, AUA, Lutz – die Liste ist ebenso lang, wie das Interesse des Finanzministers an diesen Steuern gering ist.

Nach jahrzehntelangem Tiefschlaf ist die Kommission in Brüssel endlich aufgewacht. Jetzt will sie das Recht, die Namen der großen Steuersünder zu veröffentlichen. Dazu einigten sich die G-20 auf „länderbezogene Berichte"

(Country-by-Country-Reports). Damit sollen Informationen zur weltweiten Verteilung der Erträge, Steuern und Geschäftstätigkeit einer multinationalen Unternehmensgruppe detailliert für einzelne Staaten und Gebiete gesammelt und veröffentlicht werden. Nur wenn man weiß, wie die Großen ihre steuerlichen Verpflichtungen so lange über Grenzen verschieben, bis kaum etwas übrigbleibt, kann man europäische und österreichische Riegel vorschieben.

Aber der österreichische Finanzminister wollte nicht. „Datenschutz" – plötzlich entdeckte ein Minister der Partei, die die einzelnen Menschen zu gläsernen Objekten des Überwachungsstaats machen will, sein Herz für den Schutz.

## INVESTITIONSSCHUTZ STATT DEMOKRATIE

Aber es geht nicht mehr nur um den Reichtum. Es geht immer mehr um die Macht. Parlamente und Gerichte sollen Platz machen. Gleiches Recht und gleiche Stimmen für alle passt nicht mehr in eine Zeit, in der alles andere so ungleich wie noch nie verteilt ist.

Mit Instrumenten wie den transatlantischen Handelsabkommen TTIP und CETA und mit dem EU-Japan-Abkommen JEFTA werden Demokratie und Rechtsstaat frontal angegriffen. Konzernanwälte drängen an die Stelle unabhängiger Richter und Sonderklagsrechte sollen Regierungen und Parlamenten straffe Leinen um den Hals legen.

Kaum jemand hat etwas dagegen, wenn sich USA und EU auf gemeinsame Steckdosen einigen. Sie werden unser Leben einfacher machen. Bei den Produktionsbedingungen für Lebensmittel und beim Einsatz von Agrargiften wird das schon deutlich heikler.

Zum offenen Bruch mit unseren Grundwerten kommt es bei den Sonderklagsrechten. Weitab von ordentlichen Gerichten sollen Konzerne Klagsrechte gegen Regierungen und Parlamente bekommen. Sie sollen bei privaten Schiedsgerichten die Gesetzgebung ganzer Staaten aufheben können. Die transatlantischen Verhandler sind bereit, ihnen damit Kernstücke von Rechtsstaat und Demokratie zu opfern. An diesem Punkt können wir als Abgeordnete nicht mit: Wenn europäische Verhandler mit Zustimmung von ÖVP und SPÖ in Geheimverhandlungen einen Deal gegen unsere Verfassung machen.

Die Prinzipien unserer offenen Gesellschaft, unserer Heimat Europa, sind vor allem eines: unverhandelbar. Das versuchen wir den Islamisten in aller Deutlichkeit klarzumachen. Was für Islamisten gilt, gilt auch für Konzerne und Banken. Daher brauchen Wackelkanzler und TTIP-

Außenminister klare Aufträge. Damit es nicht zu „Miss-verständnissen" kommt.

## ALTE POLITIK

In Wien hat sich eine Regierung nach der anderen dem Diktat der großen Vermögen und der Finanzplätze gebeugt. Aus den Köpfen der Politik sind die Schwänze, mit denen die Banken wedeln, geworden.

Als Christian Kern SPÖ-Vorsitz und Kanzlerschaft übernahm, war er voll guter Vorsätze. Einer davon galt TTIP und CETA. Der neue Chef ließ seine Partei abstimmen. Das Nein der Basis zu den Verträgen war ebenso wenig eine Überraschung wie die darauffolgende Unterschrift des Kanzlers unter einen der Verträge. Kaum bei seinen Kollegen im Rat der EU angekommen, stellte sich heraus: Der Kanzler war wieder einmal zu schwach.

Kaum jemand kann sich vorstellen, dass Bruno Kreisky sich seine Politik von Banken und Spekulanten vorschreiben hätte lassen. Kaum jemand kann sich vorstellen, dass eine Kanzlerin Merkel Banken und Spekulanten widerspricht. Mit Kreisky, Brandt, Palme und Schmidt gilt die letzte Generation eigenständiger Regierungschefs offiziell als ausgestorben.

Natürlich wissen auch viele der Regierenden, dass es so nicht weitergehen kann. Aber sie sind nicht mehr in der Lage, aufzustehen und einen neuen Weg zu gehen, auch, weil viele von ihnen an ihren alten Sesseln festzukleben scheinen. Ihre Macht dient nur noch dem Machterhalt. Ihr Klebstoff heißt Parteibuchwirtschaft und Korruption.

## VERTRAUEN

„Die sind doch alle gleich." Einmal kommt danach noch ein kräftiges Wort, ein anderes Mal bleibt das einfach so stehen. Das Urteil der Straße steht längst fest: Die Parteien sind alle gleich und alle ein Übel. Wer noch wählen geht, wählt das kleinere. Wem bereits zu übel ist, der bleibt zu Hause.

Es hat lange gebraucht, aber jetzt ist es so weit: Die Menschen haben das Vertrauen in die Politik verloren. Sie haben recht.

Worin unterscheiden sich die alten Parteien noch? Wenn Sozialdemokraten reden, klingen sie immer noch irgendwie sozialdemokratisch. Wenn Konservative reden, kann man sie an guten Tagen auch noch an ihrer Sprache erkennen. Aber irgendwie klingen sie seit wenigen Jahren immer mehr wie eine FPÖ mit roten oder schwarzen Tupfen.

Aber etwas Zweites fällt auf. Als dem Wiener Bürgermeister Michael Häupl im Gemeinderatswahlkampf im Oktober 2015 nichts mehr einfiel, entdeckte er die Wehrpflicht. Niemand wird behaupten, dass der Wiener Gemeinderat für die Regelung der allgemeinen Wehrpflicht zuständig ist, aber das war Häupl egal. Er überraschte seinen Kanzler und seine Partei mit einem Kopfstand: Plötzlich war die SPÖ – die alte Partei der Wehrpflicht – für ein Berufsheer. Es dauerte nur kurz, und die alte Wehrpflicht-Gegnerin ÖVP nahm den freien Platz ein. In einer Volksbefragung setzte die ÖVP dann das durch, was sie jahrzehntelang bekämpft hatte: die bedingungslose Beibehaltung des Präsenzdienstes.

Das ist das Bewegungsgesetz der alten Koalition: Wenn der eine die Seite wechselt, wechselt auch der andere. Normalerweise betonieren sich ÖVP und SPÖ in gegenüberliegenden Bunkern ein. Nur wenn der eine auf die Seite des anderen will, dann will der andere von dort weg, so schnell wie möglich. Nur eine Seite gibt es für SPÖ und ÖVP nicht: die gemeinsame.

Das hat einen einfachen Grund. SPÖ und ÖVP haben verlernt, an die Interessen der Menschen zu denken. Sie denken nur noch an sich. Sie fragen sich nicht, wie Österreich besser wird. Ihr Hauptinteresse gilt einer anderen Frage: Wie schade ich dem Regierungspartner noch mehr als mir selbst?

Aber wie ist es so weit gekommen?

## DIE ZEIT DER OHNMACHT

Als Bruno Kreisky bei der Wendewahl 1970 gegen ÖVP-Kanzler Josef Klaus antrat, war allen bewusst: Das Land steht vor der Entscheidung, in welche Richtung es geht. 1970 gab es etwas, was heute fehlt: politische Alternativen.

1970 war der Unterschied zwischen den beiden großen Parteien klar. Eine aufgeklärte Partei der sozialen und liberalen Reformen trat gegen eine konservative Partei, die die Erstarrung der Zweiten Republik verteidigte, an. Zwei selbstbewusste Parteien wollten die Richtung bestimmen und stellten daher den Anspruch auf die politische Macht.

Damals hat Bruno Kreisky gewonnen. Gleichberechtigung der Frauen; offene, moderne Universitäten mit einem eigenen Ministerium; Vollbeschäftigungspolitik – heute wissen wir, was alles bei dieser Wahl entschieden worden ist.

Im Jahr 2017 sind die meisten dieser Unterschiede verschwunden. Natürlich reden die einen noch wie Sozialdemokraten, die anderen wie Konservative und die Dritten wie rabiate Nationalisten. Aber an die Stelle der traditionellen und gegensätzlichen Interessen war ein neues, gemeinsames Interesse getreten: das Interesse der „Märkte".

Zwei Jahrzehnte lang schien es, als seien die Zeiten traditioneller Interessenparteien vorbei. Schuld daran ist die große Verschiebung der Macht, die im Zentrum der neoliberalen Umwälzung steht. Mit dem Glauben an die alles regelnde und heilende Kraft der Märkte ersetzte ein neues, neoliberales Bekenntnis die alten Orientierungen der Nachkriegspolitik. „Mehr privat – weniger Staat" lautete der erfolgreiche Schlachtruf für die Entmachtung der traditionellen Politik und die politische Machtübernahme durch globale Konzerne, Großbanken und die Netzwerke der organisierten Spekulanten.

Als die Finanzmärkte zum ersten Mal rund um die Welt zusammenbrachen, konnten ihre Akteure noch im Moment ihrer größten Schwäche den Regierungen von Washington bis Berlin auftragen, die Nasen der Täter zu vergolden. Eine ohnmächtige Politik gibt bis heute ihren Erpressungen nach und wirft über den Finanzzentren Steuermilliarden in Form von immer neuen Rettungsschirmen ab.

In den letzten Jahrzehnten des 20. Jahrhunderts ist die Politik schwächer, aber die Zahl der Politiker nicht kleiner geworden. Was machen nun Politiker, die den Glauben an ihre eigene Politik verloren haben? Was machen Minister, denen die Hände gebunden, und Abgeordnete, denen die Münder zugestopft sind? Was machen also Politiker, die zu Vollzugsorganen degradiert worden sind? Die Antwort ist ganz einfach: Sie kümmern sich um sich selbst. In ständiger Konkurrenz untereinander versuchen sie, möglichst weit oben zu bleiben. Vom Absturz bedroht, versuchen sie, sich in Sicherheit zu bringen. Sie selbst und ihre Parteien sind der letzte Zweck der entmündigten Politik. So führt die Ohnmacht geradewegs zur Käuflichkeit.

Es hat Jahrzehnte gebraucht, bis die alte politische Klasse Österreichs in ihrer Gesamtheit zynisch und amoralisch geworden ist. Ältere können sich noch an Politiker, die Respekt genossen und Autorität besessen haben, erinnern. Korruptionsfälle waren Einzelfälle und ihre Folgen waren Rücktritte. AKH, Lucona und Noricum, also ein Fall von Vergabekorruption, einer von grotesker Freunderlwirtschaft und einer eines illegalen Geschäfts, markierten auch das Ende der politischen Hauptakteure – das Ende von Vizekanzler Androsch, Innenminister Blecha und Außenminister Gratz.

Erst als Wolfgang Schüssel im Jahr 2000 das korrupteste Kabinett der Nachkriegsgeschichte zur Angelobung in die Hofburg führte, war die Nachkriegszeit auch in der österreichischen Politik endgültig vorbei. Mit Haider, Grasser und Schüssel an der politischen Spitze war Korruption von der Randerscheinung zum Kern des Geschäfts geworden.

## GELEGENHEITEN

Das bekannteste der Grundgesetze der Korruption lautet: Gelegenheit schafft Diebe. Österreich ist das Land der vielen Gelegenheiten.

Nicht nur Bauern wissen, dass drei Faktoren über das Wachstum entscheiden: der Boden, das Klima und die Auswahl der Pflanzen.

Der Boden der Korruption ist der öffentliche Reichtum. Nur wo viel da ist, kann besonders viel gestohlen werden.

Im Jahr 2000 war der österreichische Staat reich wie kaum ein anderer. Erfolgreiche Betriebe und eine hohe Beschäftigung sorgten für hohe Staatseinnahmen und damit für volle Kassen für Vorhaben vom Straßenbau bis zum militärischen Beschaffungswesen. Den außerordentlichen Reichtum machten aber die staatlichen Besitzungen aus: die Unternehmen von Voest, OMV und Telekom bis zu Austria Tabak, Bundesverlag, Bodenseeschiffahrt, Staatsdruckerei und Dorotheum, die Immobilien des Bundes.

Das Klima lieferten Gesetze und politische Kultur. Die Staatsparteien SPÖ und ÖVP hatten sich schon früh darauf verständigt, dass es keine wirksamen Gesetze zur Bekämpfung der Korruption geben sollte. Öffentliche Betriebe mussten ebenso Parteien finanzieren dürfen wie öffentliche Auftragnehmer – von Bauindustriellen bis zu den Lieferanten von Telefonen oder Panzern.

Die politische Kultur der Großen Koalition teilte die Republik von den Betrieben und Ministerien bis zum ORF in zwei Reiche, in denen die jeweilige Partei absolut herrschen und zugreifen durfte.

Entscheidend waren dennoch die Pflanzen, die Politiker. Einige nahmen schon damals, aber eine Regel galt dabei immer: Wir nehmen vom Überschuss, nicht von der Substanz. Und wenn wir nehmen, dann nehmen wir für die Partei. Auch das war Korruption – aber nicht mehr als ein Vorspiel zur systematischen Plünderung nach der Wende 2000. Die großkoalitionären Hamster waren die zahmen Vorläufer der schwarzen und blauen Heuschrecken: Der Schaden, den sie anrichteten, war noch vergleichsweise gering – aber sie zeigten, was möglich wäre, wenn sich das Klima noch weiter zugunsten ganz anderer Pflanzen änderte.

Dieser Klimawandel begann am 4. Februar 2000. Die folgenden Jahre bis 2006 zeigten, dass ein Pflänzchen in einer korruptionsanfälligen Umwelt am schnellsten wächst: die FPÖ. Als Jörg Haider seiner Partei im Jahr 2000 den Eintritt in die Bundesregierung verschaffte, wusste noch niemand, dass damit ein freiheitliches Karussell eröffnet wurde. Während Wolfgang Schüssel als Kanzler die Macht seiner Partei ausbaute, fielen die freiheitlichen Minister über ihre Ressorts her.

Heute ist das Bewegungsgesetz der FPÖ bekannt: Oppositionsbank – Regierungsbank – Anklagebank. Wenn es die Anständigen und Tüchtigen wieder in eine Regierung schaffen, können sich die Ermittler darauf vorbereiten, dass sie einige der neuen Minister bald wieder als Abgängige und Flüchtige verfolgen müssen.

## DAS FLIEGENDE SCHMIERGELD

Wer wissen will, was eine Koalition von ÖVP und FPÖ bringt, studiert am besten Österreichs berühmtesten Beschaffungsvorgang: die Beschaffung von 18 Eurofightern durch die Regierung von Wolfgang Schüssel und Karl-Heinz Grasser.

Es stimmt, die Eurofighter waren im Juli 2003, als Verteidigungsminister Platter den Kaufvertrag unterschrieb, das modernste Kampfflugzeug Österreichs. Aber militärisch war der Kauf nie ernst gemeint. Der Verteidigungsminister verzichtete von Anfang an auf alle Systeme, die das Flugzeug für den Einsatz rund um die Uhr tauglich gemacht hätten. Bis heute führen die Piloten eine Kleinbildkamera, wie man sie in jedem Einkaufszentrum besorgen kann, mit sich. Wenn sie das unbekannte Objekt, das in unseren Luftraum eingedrungen ist, gefunden haben, knipsen sie ein Beweisfoto.

Die Piloten knipsen allerdings nur während der Amtsstunden. Vor 9 und nach 18 Uhr sind die Eurofighter nicht einsatzfähig. 14 Tage pro Monat übernehmen die uralten SAAB 105 OE von Linz/Hörsching aus die Luftraumüberwachung. Die Eurofighter schaffen nur jeden zweiten Tag. Manchmal erreichen sie nicht einmal den Klarstand von drei einsatzbereiten Flugzeugen. Dann bleiben sie am Boden.

## VECTOR

Das ist die kurze Geschichte der Luftraumüberwachung durch Eurofighter. Aber es gibt noch eine zweite. In ihr geht es nicht um das Fliegen, sondern ausschließlich um Geld.

Im Mai 2007 hatten sich SPÖ und ÖVP gerade darauf geeinigt, den ersten Eurofighter-Untersuchungsausschuss abzudrehen. Der Grund für die SPÖ ist heute klar: Norbert Darabos hatte in seinem geheimen Paris-Vergleich mit Eurofighter das Abdrehen des laufenden Ausschusses vereinbart. Der Grund, der die ÖVP antrieb, wiegt weit schwerer. Er heißt „Vector Aerospace".

Als ich mich im Mai 2007 auf eine Befragung im Ausschuss vorbereitete, fiel mir eine Buchungszeile auf:

*Rechnung 7/2005*
*3.10.2005*
*an Vector Aerospace LLP, 31 Dover Street, London*
*„Gemäß einer Übereinkunft vom 1.3.2005 verrechnen wir Ihnen € 120.000."*
*zu zahlen an CA, BLZ 12000, KtoNr 522 8095 6601 ohne MWSt*

Diese Buchungszeile fand sich im Steuerakt der EBD GmbH in Wien. Aber wer war Vector Aerospace?

Der Untersuchungsausschuss war abgedreht. Also suchte ich allein weiter. Und wurde in Rom fündig.

Am 24. März 2011 wurde Gianfranco Lande in Rom verhaftet und in die U-Haft überstellt. Lande war verdächtig, 1200 Anleger um 170 Millionen Euro geprellt zu haben. Nach seinem amerikanischen Vorbild tauften ihn italienische Journalisten „Madoff di Parioli" – den Madoff aus Parioli, dem Reichenviertel von Rom.

Am 6. April wurde Lande von Staatsanwalt Luca Tescaroli in Rom einvernommen. Der Staatsanwalt wollte Lande zu seiner Anlagepyramide befragen. Aber Lande hatte ein Problem. Mit dem Versprechen erstaunlicher Renditen hatten nicht nur Prominente und Reiche die Bausteine seiner Pyramide gekauft. Sein größter Einzelkunde war eine Familie der kalabrischen Mafiaorganisation N'drangheta. Als ein Vertreter der Familie Lande besuchte und seine Einlage plus versprochenem Gewinn kassieren wollte, hatte Lange keine Wahl. Er zahlte die Familie aus und sah zu, wie die Pyramide damit zusammenzubrechen begann.

Lande hatte gute Gründe, auch dem Staatsanwalt nichts über seinen wichtigsten Kunden zu sagen. Gleichzeitig war ihm klar, dass eine vollständige Verweigerung der Aussage seine Chance, aus der U-Haft entlassen zu werden, auf null reduzieren würde. So überraschte Lande den Staatsanwalt mit einer anderen Geschichte: den 18 „aerei da caccia", den Kampfflugzeugen, die das österreichische Verteidigungsministerium von EADS gekauft hatte.

Als er Lande gegenübersaß, konnte Staatsanwalt Tescaroli nicht wissen, dass der U-Häftling gerade dabei war, die entscheidende Verbindung zwischen Vector Aerospace und EADS herzustellen.

Am 12. Mai saß ich im Flugzeug nach Rom. Ein befreundeter italienischer Journalist hatte vom Geständnis des Pyramidenspielers erzählt. Ein paar Stunden später lag das Protokoll des Lande-Geständnisses vor mir.

Lande gab zu Protokoll:

*„Vector Aerospace ist eine Firma, die 2005 im Rahmen eines Kontakts mit der militärischen Sparte der deutschen EADS gegründet wurde. Es gab eine Lieferung von 18 Jagdflugzeugen und von weiterem Kriegsgerät an das österreichische Verteidigungsministerium über einen Betrag von ca. 4 Milliarden Euro.“*

Und:

*„Frage: Wie viel haben Sie für die Tätigkeit bei Vector Aerospace erhalten?*

*Antwort: Die Firma hat ca. 84 Millionen erhalten.“*

Ich suchte weiter und fand immer mehr: das zweite Briefkastennetzwerk City Chambers, das in die Kanzlei des damaligen FPÖ-Wehrsprechers Peter Fichtenbauer führte;

die FPÖ-Rumpold; Mensdorff-Pouilly; den Chef der österreichischen Luftwaffe; und eine Reihe weiterer Lobbyisten.
Am 17. Oktober 2011 übergab ich das alles dem Staatsanwalt in Wien.

Erst zu diesem Zeitpunkt wurde EADS und Eurofighter
klar, dass sie die österreichische Affäre nicht aussitzen
konnten.

Normalerweise kommt den großen Schmiergeldspezialis-
ten der Rüstungs- und Bauindustrie niemand auf die Spur.
Aber ab und zu verirrt sich ein Dokument oder plaudert
ein Mitwisser. Dann ist Feuer am Dach. Journalisten re-
cherchieren, Medien berichten und Politiker der Opposition empören sich.

Nach kurzer Zeit ist alles wieder vorbei. Auch die Strafge-
richte tun das, was sie gelernt haben: Sie stellen die Verfahren ein, weil sie nichts gefunden haben. Dass sie kaum
gesucht haben, nimmt ihnen der Justizminister nicht übel.

Aber diesmal war das anders. 2002, als die Typenentscheidung von Kanzler, Verteidigungsminister und Finanzminister zugunsten Eurofighter geschoben worden war, war
ich Abgeordneter und Sicherheitssprecher meiner Partei.
2011 saß ich noch immer im Nationalrat. Als freier Man-
datar konnte ich unabhängig von allen Zwängen entschei-

den, was mir wichtig war. Und „Eurofighter" stand 2002, 2011 und 2017 auf meiner Prioritätenliste ganz oben.

## DIE LETZTE RUNDE

Norbert Darabos, Gerald Klug – das waren sozialdemokratische Verteidigungsminister nach dem Geschmack von Airbus. Im Frühjahr 2016 änderte sich das. Hans Peter Doskozil wurde Verteidigungsminister. Der frisch vereidigte Minister stellte sich im Landesverteidigungsausschuss des Nationalrats vor, ging nach der Sitzung auf mich zu und stellte mir zwei Fragen: Ob wir per du seien; und ob ich kurz Zeit hätte.

Gleich hinter dem Parlament führt Toni Mimra seine wunderbare Osteria. Dort fragte mich Doskozil, was ich mir von ihm erwarte. Meine Antwort war einfach: „Endlich mit den Eurofightern aufräumen".

Ich wusste, dass Doskozil die richtige Adresse war. Als Polizeioffizier hatte er eine klare Vorstellung, wie wichtig Korruptionsbekämpfung ist – und wie man es macht. Als Burgenländer war er mit Kurt Kuch, einem der besten investigativen Journalisten, aufgewachsen. „Der Kurtl hat mir viel erzählt, was da gelaufen ist. Lass mich das einmal anschauen. Ich melde mich in zwei Wochen."

Zwei Wochen später kam der vereinbarte Anruf. „Ich hab das prüfen lassen. Wir machen das." Wenig später war klar, was gemacht wird: Der Minister setzt die Eurofighter-Task-Force wieder ein. An ihrer Spitze steht mit Divisionär Hamberger einer der besten Beamten des Ministeriums. Die Task Force bereitet eine Anzeige gegen Eurofighter und Airbus vor. Ich stelle die Akten, die das Ressort nicht hat, zur Verfügung und beginne die Einsetzung eines zweiten Untersuchungsausschusses vorzubereiten. Und wir vereinbaren Stillschweigen.

Unsere Ziele waren:

1. den Betrug gegen Österreich vor Gericht bringen
2. die politische Affäre parlamentarisch aufklären
3. das Geld von Airbus zurückholen
4. die Eurofighter loswerden
5. und dazu erstmals alle Parteien auf der Seite der Republik gegen Eurofighter und Airbus einigen

Mit diesen Zielen wurde die Aktion „Airbus" ein Jahr lang vorbereitet. Als Doskozil im Februar 2017 seine Betrugsanzeige einbrachte, war es für den Konzern zu spät. Erstmals stand er nicht nur einem grünen Abgeordneten, sondern der gesamten Republik Österreich gegenüber.

Für die parlamentarische Aufklärung brauchte ich die Zustimmung der FPÖ. Seit der Untersuchungsausschuss Minderheitsrecht ist, können wir ihn gemeinsam einsetzen. Aber Strache wollte nicht. Ihm war klar, dass der Eurofighter drei Farben hat: viel schwarz, ein bisschen rot und erstaunlich viel blau.

Nach einer Woche „Nein" wurde der öffentliche Druck zu groß. Strache gab nach, spendierte mir einen Kaffee und gab den Weg zur parlamentarischen Untersuchung frei.

Der Ausschuss wurde eingesetzt. Aber wir wussten bald: Die Regierung steht vor dem Bruch. Es wird Neuwahlen geben. Daher mussten wir uns entscheiden, was in den verbleibenden zwei Monaten untersucht werden konnte.

Strache stimmte zu, weil beim Beweisthema „Darabos-Vergleich" im Juni 2017 Verjährung drohte. Also mussten wir hier beginnen.

## DER BASAR DER BETRÜGER

Wir haben das Kapitel „Darabos" im Untersuchungsausschuss weitgehend geklärt. Es war erstaunlich, wie leichtes Spiel Eurofighter mit dem Verteidigungsminister hatte. Eurofighter diktierte die Verhandlungen und suchte sich die Verhandler des Ministers aus. Wir fanden einen geheimen Vergleich in einem SPÖ-Hotel und zahlreiche Beweise, wie sehr der Vergleich der Republik geschadet hat. Aber wir fanden keinen Hinweis auf Korruption. Heute bin ich mir sicher: Darabos war so hoffnungslos überfordert, dass sein Gegenüber leichtes Spiel hatte. Der Minister war nicht korrupt. Er war nur unfähig.

Bis zum Vergleich hat trotzdem ein anderer die wichtigsten Fäden gezogen. Wolfgang Schüssel hat mit EADS Typenentscheidung und Vertrag vorbereitet. Er hat sich geheim mit Lobbyisten getroffen. Gegen jede wirtschaftliche Vernunft hat er den Vertrag über die Flugzeuge und den über die Gegengeschäfte durchgedrückt. Er ist der Vater des Gegengeschäftsschwindels. Und 2006 hat er Gusenbauer auf seine Seite gezwungen.

Neben Karl-Heinz Grasser ist Wolfgang Schüssel der Kopf der Aktion „Eurofighter". ÖVP und FPÖ sind die Eurofighter-Parteien. Die SPÖ hat nur das getan, was sie immer tut: Sie ist umgefallen.

Erst mit dem zweiten Beweisthema kamen wir zum Kern. Es hieß ganz einfach „Geldflüsse".

Wolfgang Schüssel hatte mit 200 Prozent Gegengeschäften das Blaue vom Himmel versprochen. Eurofighter und

EADS wussten von Anfang an, dass sie niemals auf reelle Art dieses Versprechen erfüllen konnten. Aber sie wussten von Anfang an, dass ihnen Wirtschaftsminister Bartenstein genügend Hintertüren geöffnet hatte. Sie nützten sie, um die Republik Österreich unter den Augen von Beamten und Ministern nach Strich und Faden zu betrügen.

Unsere Untersuchung brachte zum ersten Mal ein europaweites System des organisierten Gegengeschäftsschwindels zum Vorschein. Es funktionierte in acht Schritten:

**Schritt 1:** In die Korruptionsbestimmungen des Kaufvertrags wird ein passendes Schlupfloch eingebaut. Im Anhang A8 war unter „Verhaltensregeln" vereinbart worden, dass als Provisionen getarnte Schmiergelder bei Gegengeschäften zum Vertragsausstieg führen. Aber von Anfang an war klar, dass es ohne gefälschte Gegengeschäftsbestätigungen nicht ginge. Also wird ein Punkt 4 eingebaut: Die Schmiergeldklausel gilt jetzt nur noch, wenn das Gegengeschäft vom Bieter selbst abgeschlossen wurde.

**Schritt 2:** Dann überträgt Eurofighter die Verpflichtung zur Erfüllung der Gegengeschäfte um 184,3 Millionen Euro an EADS. Damit ist die Verpflichtung weg vom Bieter. Aber EADS ist noch viel zu nahe an Eurofighter. Es muss ein besseres Versteck gefunden werden.

**Schritt 3:** Also gründet EADS selbst eine Firma: Omesco Ltd. auf Zypern. In einem geheimen Papier hält EADS fest: Es gibt „keine formalen Beziehungen zu EADS". Aber es gibt verdeckt volle EADS-Kontrolle durch die Eigentümer – zwei ehemalige EADS-Mitarbeiter und einen „strategischen Investor, der von EADS nominiert wird". Der heutige Airbus-Chef Tom Enders steht persönlich im Geheimpapier. Er ist mit von der Partie.

**Schritt 4:** EADS hat einen Partner: Daimler. Und Daimler hat ein Asset: jede Menge Geschäfte, die man umtaufen kann. Daimler macht EADS ein Angebot: Ihr zahlt uns eine Provision, und wir taufen ganz normale Geschäfte in „Gegengeschäfte" um. Wenn die Kasse stimmt, liefern wir dazu die eigens gefälschten Gegengeschäftsbestätigungen.

**Schritt 5:** Das erste „Gegengeschäft" läuft mit Rosenbauer. Das österreichische Unternehmen liefert Feuerwehrfahrzeuge für die Daimler-Tochter „debis" nach Kroatien. Daimler macht Rosenbauer ein Angebot: Rosenbauer unterschreibt eine Gegengeschäftsbestätigung für das Wirtschaftsministerium in Wien. Dafür zahlt EADS 0,9 Prozent des Geschäftsvolumens. Rosenbauer und Daimler teilen sich die Provision im Verhältnis 6:4.

**Schritt 6:** Das Vehikel „Omesco" erweist sich als zu klein. Da taucht der italienische Finanzjongleur Gianfranco Lande auf. Er baut rund um den Londoner Briefkasten Vector Aerospace ein System von fast hundert Briefkästen über die Kanalinseln bis in die Karibik.

**Schritt 7:** Die Fassade für den ganzen Schwindel wird mitten in Wien errichtet. EADS hat zur Abwicklung der Gegengeschäfte die Euro Business Development GmbH (EBD) gegründet. Ihre verdeckten Eigentümer sind zwei Waffenlobbyisten, die selbst in einigen der Briefkästen sitzen.

**Schritt 8:** EBD legt los und entwirft „Quartalsberichte" für Vector. Eine Mitarbeiterin schickt sie zur Korrektur zu EADS nach Deutschland. Die korrigierten Berichte gehen zurück nach Wien und von hier aus nach London, werden dort mit dem Vector-Briefkopf versehen und als „Berichte" offiziell wieder nach Wien geschickt. Hier nimmt die EBD-Mitarbeiterin die Quartalsberichte erfreut entgegen und leitet sie an EADS weiter. EADS zeigt sich zufrieden, dass Vector in London derart interessante Berichte mit geschäftlichen und politischen Details aus Österreich vorlegt.

**Schritt 9:** Das ganze Theater dient einer großen Verschleierung. Niemand soll wissen, dass EADS selbst die Fälschung der Gegengeschäfte für Eurofighter organisiert. Briefkästen ohne Mitarbeiter werden zum künstlichen Leben erweckt, damit man später einmal erstaunt feststellen kann, wie man von Firmen, die man gar nicht kennt, hinters Licht geführt worden ist.

Das Erstaunlichste dabei ist aber: Am 23. Juni 2003, eine Woche vor Unterzeichnung des Kaufvertrags und des Gegengeschäftsvertrags mit der Republik Österreich, vermerkt EADS in einem internen Memorandum: „The off-set-risk is covered by a 5 % contingency in the price" – das Offsetrisiko ist durch einen fünfprozentigen Aufschlag auf den Kaufpreis abgedeckt. EADS hat nicht nur die Fälschung der Gegengeschäfte mit Schmiergeldern honoriert, es hat auch dafür gesorgt, dass die Republik Österreich den Betrug an sich selbst finanziert.

Schüssels Gegengeschäfte waren ein einziger großer Basar. An ihren Ständen boten Unternehmen von Rosenbauer bis Magna ihre längst gemachten Geschäfte ein zweites Mal zum Verkauf an. Daimler war der Broker und vermittelte gegen Provision Gegengeschäftsbestätigungen. EADS ging mit dem Broker von Stand zu Stand, feilschte um die Höhe der Provision und kaufte letztlich alles, was die hilfsbereiten Beamten des Wirtschaftsministeriums zum schnellen Durchwinken brauchten.

## VOR DEM ZIEL

Warum erzähle ich das so ausführlich? Ganz einfach: Weil das Ziel erstmals in Sichtweite ist. Die letzte Runde hat begonnen. Wenn kein Wunder geschieht, werden wir gewinnen: gegen Eurofighter, gegen Airbus und gegen Daimler.

In München und Wien werden Anklagen wegen des Verdachts der Untreue, des Betrugs und der Geldwäsche vorbereitet. Jetzt ermittelt der Staatsanwalt auch gegen die Gegengeschäftsbetrüger. Wir stehen vor einem der größten Erfolge in der österreichischen Korruptionsbekämpfung.

15 Jahre hat bis jetzt der parlamentarische Versuch, die Eurofighter-Affäre aufzuklären, gedauert. Ich erinnere mich noch gut an die Journalisten, die mir ratlos erklärten, es sei noch immer keine „rauchende Pistole" zu sehen. Sie übersahen, was das Wesen parlamentarischer Kontrolle ist: Nicht lockerlassen, weitersuchen, Stück für Stück der Wahrheit auf die Spur kommen, die Verantwortung klären und dann für Konsequenzen sorgen. Wenn am Ende die Täter vor Gericht stehen, der unverantwortliche Umgang von ÖVP und FPÖ mit den Milliarden der Republik geklärt ist und wir uns über Zivilgerichte das Geld von Airbus zurückholen, dann hat sich die Arbeit gelohnt.

Dann haben wir gezeigt, dass das Vertrauen in uns als gewählte Aufsicht über Regierung und Verwaltung gerechtfertigt ist.

Vielleicht sind wir die Ersten, die sich als Abgeordnete erfolgreich mit einigen der größten Konzerne der Welt anlegen. Mir zeigt das vor allem eines: Es geht.

# DER ANGRIFF AUF EUROPA

Von den Banken bis zu den Flüchtlingen hat sich Europa in den beiden Krisen angreifbar gemacht. Der politische Angriff hat längst begonnen. Islamisten und Rechtsextremisten greifen Europa an, um es zu destabilisieren und zu schwächen.

Aber es gibt auch eine gute Nachricht: Die extreme Rechte kann bei Wahlen ganz friedlich besiegt werden. Le Pen, Orbán und Strache können abgewählt werden, und es besteht kein Zweifel, dass sie Wahlergebnisse respektieren. Beim politischen Islam ist das nicht möglich. Er stellt sich keinem demokratischen Verfahren. Auch daher geht vom politischen Islam heute eine ernstzunehmende Gefahr für unsere Heimat Europa aus.

Lange waren es nur ein paar Hinterhofmoscheen, in denen sich Gastarbeiter aus Bosnien und später aus der Türkei versammelten. Sie waren eine Minderheit in der Minderheit, weil die meisten aus ihren Herkunftsländern ihre Zeit nicht mit Religion verschwendeten. Als Neuankömmlinge hatten sie Besseres zu tun. Niemand von uns glaubte damals, dass ein Angriff im Namen einer Religion Europa gefährden könnte.

Dann haben wir einiges übersehen:

- Wir hielten Integration für ein selbstverständliches Interesse der Einwanderer und übersahen, wie sich immer mehr enttäuscht von ihrer neuen Heimat abwandten.

- Daher verzichteten wir auf alle aktiven Maßnahmen zur Integration – und überließen die Neuankömmlinge sich selbst und denen, die sich aus ganz anderen Motiven um sie kümmerten.

- Wir verstanden nicht, dass die Zahlen der Zugewanderten aus einer Region in einigen Städten eine kritische Grenze überschritt und sich ab da ganze Gruppen plötzlich nach innen wandten und sich nach außen abschlossen.

- Wir wussten nicht, dass Einwanderung nicht gleich Einwanderung ist, und hatten so auch kein Interesse, unsere Einwanderer gezielt auszusuchen. Viele unserer Türken kommen so aus besonders rückständigen Gebieten ihrer Heimat.

- Wir übersahen einfach, dass sich mit den Muslimbrüdern längst eine der gefährlichsten islamistischen Bewegungen in Österreich festgesetzt hatte. Ihre arabischen Vertreter begannen von Graz aus in die USA einzusickern. Ihr türkischer Arm bereitete als Millî-Görüş den Boden in Österreich auf.

- Und wir hielten die Kriege, die die USA von Libyen bis Syrien anzettelten, für „Befreiungskriege" und verstanden viel zu spät, dass hier nicht Diktaturen durch demokratische Rechtsstaaten, sondern durch gescheiterte Staaten und Bürgerkriege ersetzt wurden.

## ERDOĞANS BRÜCKENKOPF

Gerade die türkischen Einwanderer suchten nach Integration. Moscheedachvereine wie ATIB wurden gegründet, um nicht von Parteien abhängig zu sein. Die Union Europäisch-Türkischer Demokraten – UETD – war ein Versuch, die Zuwanderer auch politisch und kulturell in Europa ankommen zu lassen.

Recep Tayyip Erdoğan war damals ein hoffnungsvoller türkischer Präsident, der sein Land in die EU führen wollte. Der erste Schritt führte seine islamische Partei AKP am 4. Dezember 2004 als Beobachterin in die Europäische Volkspartei, die Vereinigung der christdemokratischen Parteien, der auch die ÖVP angehört. Als Vizepräsident der EVP-Parlamentsfraktion brachte Othmar Karas die

Freude der Christdemokraten über die Aufnahme der AKP zum Ausdruck: *„Ich bin über diese Entwicklung sehr erfreut. Es beweist aufs Neue, dass die Europäische Volkspartei ein attraktiver Magnet für erfolgreiche, starke und verlässliche Partner aus ganz Europa ist, die unsere Visionen und Werte teilen. Die EVP stellt mit dieser Entscheidung ihre Handlungsfähigkeit und Dialogbereitschaft unter Beweis."*

Zu diesem Zeitpunkt verlies der politische Islam gerade seine extremistischen und terroristischen Winkel und begann seinen Marsch in die Regierungen der islamisch geprägten Staaten.

Wir wissen heute, warum der politische Islam als Alternative zu den korrupten Statthaltern des Westens für die verarmten Mehrheiten von Ägypten bis in die Türkei so anziehend war. Aber heute ist es zu spät.

Die CDU war eine der wenigen christdemokratischen Parteien, die Erdoğans Entwicklung kritisch beobachtete. Im Dezember 2007 scheiterte die Vollmitgliedschaft der AKP an einem Veto des Parteitags der CDU.

2013 wusste Erdoğan, dass er mit seiner Partei in der EVP nur noch geduldet wurde. Sein Ausschluss war eine Frage der Zeit. Erdoğan kam dem zuvor und verließ die EVP 2013 still und ohne jede öffentliche Erklärung.

Heute ist Recep Tayyip Erdoğan dabei, die türkische Republik in ein neues Sultanat zu führen. Schritt für Schritt setzt er Demokratie, Pressefreiheit und Rechtsstaat außer Kraft.

Erdoğan glaubt, dass er die Opposition im Lande ausschalten kann. Den Widerstand jenseits seiner Landesgrenzen kann er nicht eliminieren. Aber er kann ihn schwächen. Das ist von der Diplomatie über die Flüchtlingspolitik bis zu den Geheimdiensten das gemeinsame Ziel der türkischen Politik.

Seit 2013 setzen Erdoğan und seine AKP auf eine neue Strategie: auf die Instrumentalisierung der türkischen Auswanderer als AKP-Brückenköpfe in der EU.

Die EU soll Erdoğan bei seinem Umbau der Türkei nicht in die Quere kommen. Von Wien und Berlin bis Brüssel und Amsterdam sollen alle wissen, dass Erdoğan bereit ist, Zehntausende Menschen loszuschicken. Erdoğan droht mit einem Flüchtlingsstrom durch die Öffnung der türkischen Grenze zur EU – und mit der Mobilisierung seiner Anhänger in den europäischen Städten. Mit Demonstrationen und gewalttätigen Konflikten auf deutschen und österreichischen Straßen haben Erdoğans Aktivisten gezeigt, wozu sie bereit sind.

Bei seiner neuen Strategie konzentriert sich Erdoğan auf drei Zielländer mit großer türkischstämmiger Wohnbevölkerung: Deutschland, die Niederlande und Österreich.

Rund 250.000 Menschen mit türkischem Einwanderungshintergrund leben in Österreich. 116.000 von ihnen besitzen nach wie vor die Staatsbürgerschaft der Türkei. Sie zum Instrument der AKP zu machen, ist das Ziel der neuen Strategie des türkischen Präsidenten.

Die Hauptrolle in diesem Vorhaben spielt der Geheimdienst der Türkei, der MIT.

## DIE INSTRUMENTE DES PRÄSIDENTEN

Der Millî İstihbarat Teşkilâtı (MIT) ist – derzeit noch – der einzige Geheimdienst der Türkei. Nach einer politischen Säuberung durch die Regierung Erdoğan wurde der MIT ab 2013 von einem militärischen Dienst zu einem Parteigeheimdienst der AKP umgebaut.

Der MIT koordiniert seine Aktivitäten über die Botschaft in Wien und über die Generalkonsulate in Salzburg und Bregenz. Der offizielle türkische Botschafter ist auch in Wien meist nicht mehr als der Hausbesorger des MIT-Chefs und des Religionsattachés.

In Österreich verfügt der MIT mit Militärattaché Ahmet S. über einen Residenten an der türkischen Botschaft. Gemeinsam mit zwei weiteren MIT-Mitarbeitern leitet er von dort aus die Aktionen, die über AKP-Vorfeldorganisationen wie UETD und MÜSIAD und religiöse Vorfeldorganisationen wie ATIB durchgeführt werden. Neben dem MIT-Residenten sitzt der Religionsattaché. Er kontrolliert und lenkt die religiösen Vorfeldorganisationen von ATIB und IGGÖ bis zu den einzelnen Moscheevereinen.

Für den MIT arbeiten in Deutschland und Österreich zwei Gruppen von Zuträgern: Funktionäre politischer Vorfeldorganisationen der AKP und religiöse Vertreter. Nach Schätzungen von Nachrichtendiensten arbeiten mehr als hundert Personen in Unternehmen, Vereinen und Moscheen in Österreich direkt für den MIT. Neben dem MIT verfügt in Österreich nur der russische FSB über ein ähnlich dichtes Netz an informellen Mitarbeitern.

## ATIB

„Papa, ist es erstrebenswert, Märtyrer zu werden?" Das fragt ein Sohn seinen Vater. Der antwortet: „Natürlich, mein Schatz. Wer möchte denn nicht ins Paradies kommen?"

Dies veröffentlichte und verbreitete Diyanet.

Das Diyanet İşleri Başkanlığı (*Präsidium für Religionsangelegenheiten – DIB*) ist die staatliche Religionsbehörde der Türkei. *„Die Behörde für Religionsangelegenheiten beim türkischen Ministerpräsidenten in Ankara, die auch Ditib anleitet, verfügt in diesem Haushaltsjahr über rund 6,4 Milliarden Türkische Lira (rund 1,8 Milliarden Euro). Davon baut und unterhält sie Moscheen und hat aktuell 120.000 Mitarbeiter. 2004 waren es 72.000, 2008 schon 83.000. Seit 2008 hat sich ihr Etatposten in Euro fast verdoppelt, in Lira sogar verdreifacht."*

Diyanet ist direkt dem Büro des Ministerpräsidenten unterstellt.

Auf Deutsch heißt „dış ilişkiler" Auslandsabteilung. Über diese Auslandsabteilung steuert Diyanet von Ankara aus die untergeordneten Verbände im Ausland. Die wichtigsten unter ihnen sind DITIB in Deutschland und ATIB in Österreich.

ATIB ist mit ihren 65 Moscheevereinen und Imamen der größte islamische Dachverband in Österreich.

Kaum jemand in den Moscheen weiß: ATIB arbeitet für den MIT. Nach dem gescheiterten Putsch im Juli 2016 gab

Erdoğan auf einer Islamkonferenz in Istanbul das Signal zum Auslandseinsatz. Zwei Monate später startete die Aktion. Diyanet rief die Religionsattachées in 35 Staaten zur Berichterstattung an die Zentrale in Ankara auf:

*„Es wird ersucht, dass Sie detaillierte Berichte über alle Organisationen/Strukturen, Aktivitäten, Bildungseinrichtungen (Kindergärten, Volks- und Mittelschule, Fakultäten, Heime etc.), ihre Nichtregierungsorganisationen, Hilfsorganisationen, Human Ressources, Vereine, die kulturelle Aktivitäten durchführen etc. der Fettuhalistischen Terrororganisation in Ländern/Gebieten, wo Sie tätig sind, auf die E-Mail-Adresse disiliskiler@diyanet.gov.tr. bis Dienstag, den 27. September 2016 bis zum Dienstschluss als Word-Datei senden und es wird gebeten, bei unserer Zentrale über das Einlangen der Berichte nachzufragen."*

Der Wiener Religionsattaché leitete den Befehl von der Botschaft an die für Religion zuständigen Attachés der Generalkonsulate in Wien, Salzburg und Bregenz. Die gaben ihn weiter: an ATIB und damit an das Netzwerk von 65 Moscheevereinen und Imamen.

Idris L. ist seit dem 1. Juli 2014 Religionsattaché am türkischen Generalkonsulat Salzburg. Am 26. September 2016 berichtete Idris L. an Diyanet:

„Die von meiner Abteilung bemerkten vor dem 17–25 Dezember 2013 offenen und manchmal heimlichen Versuche der FETÖ/PDY, die ATIB-Vereine zu unterwandern, wurden nach meinem Arbeitsbeginn am 1. Juli 2014 den Religionsbediensteten, Vereinsobmännern und den Landsleuten, die in unserem Zuständigkeitsgebiet leben, mitgeteilt und dabei Achtsamkeit gefordert.

ATIB und andere Vereine, die von unserer Direktion Religionsbedienstete beschäftigen, haben alle Bücher, Audiomaterialien, Video CDs, Gedichtbände, Broschüren, Zeitungen vernichtet."

Dann kommt der Attaché zu einem Bereich besonderer Gefahr: Schwimmunterricht für Frauen.

„Die in Salzburg auffällige Bildungs- und Kultureinrichtung Akasya wurde von den österreichischen Behörden mit dem ‚Integrationspreis 2015' ausgezeichnet.

Der Akasya Verein hat Frauen, die nicht schwimmen können, aber es lernen wollen, die Möglichkeit gegeben, in einem angemieteten und für Außenstehende unzugänglichen Schwimmbereich das Schwimmen zu lernen. So konnten sie es schaffen, unter der Vortäuschung des kulturellen Zusammenwachsens in den Frauenbereich einzusickern."

Aber das Hauptinteresse gilt Kindern und Jugendlichen. ATIB soll sicherstellen, dass aus den Schulen verlässliche Anhänger des türkischen Präsidenten rekrutiert werden:

*„Den Hohlraum, der entstanden ist, als die Bildungseinrichtungen dieser illegalen Organisation von unseren Landsleuten nicht mehr aufgesucht wurden, konnten speziell in Tirol unter Anteilnahme aller unserer Religionsbediensteten in Tirol durch das Organisieren von ‚Jugendtreffen' gefüllt werden, wo nationale und geistige Werte unserer Jugendlichen verstärkt wurden. Außerdem versucht unsere Abteilung im gesamten Zuständigkeitsbereich unter Einbeziehung der Abteilung des Arbeitsattachés das Projekt ‚Ihren Kindern gute Eltern sein und ihre Bildung stärken' zu verwirklichen, welches sich der Jugendlichen annehmen soll, die sich in der mittleren Schulstufe befinden. Diese sollen am Nachmittag nach der Schule in den ATIB-Vereinen betreut werden."*

Der Attaché schließt mit einem Schwur zur Wachsamkeit:

*„Durch den starken Auftritt unseres Landes in Österreich und das schnelle Wahrnehmen unserer Landsleute verliert diese Organisation immer mehr an Macht und ihr Genick ist gebrochen. Doch da bei diesen und ähnlichen Organisationen immer Vorsicht geboten ist, ist unsere Abteilung für Religionsangelegenheiten immer wachsam.*

*Mit der Bitte um Kenntnisnahme, verbleibe ich*

*Hochachtungsvoll*

*Idris L.*
*Attaché für Religionsangelegenheiten"*

So lässt Erdoğan jede Opposition verfolgen und bespitzeln. Das zeigt der Bericht des Attachés. Aber eines ist besonders wichtig: die klare Beschreibung der Aufgaben der „Religionsbediensteten". Sie sind für die „nationalen und geistigen Werte unserer Jugendlichen" verantwortlich. Ihre Aufgabe ist Indoktrinierung. Der Attaché berichtet, dass die Imame in den Moscheevereinen ihrer politischen Aufgabe nachkommen.

Damit bestätigt zum ersten Mal ein offizielles Dokument, dass die ATIB-Moscheevereine Zentren der politischen Mobilisierung sind.

Aber wer sind diese Imame? Diyanet bildet seine Imame in der Türkei aus und schickt sie auf „Auslandseinsatz" nach Europa. Dort übernimmt sie Diyanet de Belgique in Brüssel. Auf Basis von Leiharbeitsverträgen werden sie dann an Staaten wie Österreich entsandt. Die türkischen Leihimame sind jederzeit bereit, sich von arabischen Islamisten und Terroristen zu distanzieren. Aber ein kritisches Wort über den Aufbau des Islamischen Staates in der Türkei sucht man bei ihnen vergeblich.

Am 5. Oktober 2016 wurde der Salzburger Bericht gemeinsam mit dem Bericht aus Bregenz nach Ankara übersandt. Die Unterschrift am Begleitbrief lautet „Fatih Mehmet KARADAS". Die Adresse: A-1040 Wien, Prinz Eugen Strasse 40 – der Sitz der türkischen Botschaft.

Der Religionsattaché hat sich von seinen Attachés an den Generalkonsulaten und als ATIB-Chef von seinen Imamen und Religionsbediensteten und sonstigen Zuträgern über die Gülen-Opposition berichten lassen. Er hat Personal säubern und Bücher und CD's vernichten lassen. Seine Imame sind auf Parteilinie, behindern die Integration von Frauen und predigen den Jugendlichen die „nationalen Werte" des Präsidenten. Als Attaché hat er dann die Berichte von der Botschaft aus an das Büro des Präsidenten gesandt. So funktioniert Erdoğans islamisches Spitzelsystem in Österreich. Gestern bei Kurden, heute bei Gülen-Anhängern, morgen ...

## DIE ÜBERNAHME DER IGGÖ

Die Islamische Glaubensgemeinschaft in Österreich (IGGÖ) wurde 1979 als anerkannte Religionsgemeinschaft in Form einer Körperschaft öffentlichen Rechts auf Basis des damals geltenden Islamgesetzes von 1912 gegründet. Sie soll die Anliegen der Muslime in Österreich vertreten.

2011 trat ATIB der IGGÖ bei. In nur fünf Jahren gelang es ATIB, die Macht zu übernehmen.

Nach wie vor kämpfen verschiedene Fraktionen um die Vorherrschaft in der IGGÖ. Die wichtigsten unter ihnen sind die ägyptische Muslimbruderschaft, bosnische Islamisten und die Regierung der Türkei.

Ibrahim Olgun ist seit 2016 Präsident der IGGÖ. Olgun studierte Theologie in Ankara und gehört der ATIB an. Über ihn kontrolliert die AKP seit Juni 2016 die IGGÖ.

Schon kurz nach seiner Bestellung begann ATIB, die personellen Wünsche der türkischen Botschaft am Lehramt für Islamische Religion in Wien (IRPA) umzusetzen. *„Die IGGÖ ist eine staatliche Einrichtung von Österreich und keine Zweigeinrichtung vom Herrn Botschaftsrat"*, kritisierte Olgun-Stellvertreter Abdi Tasdögen in einem E-Mail an Olgun und andere ATIB- und IGGÖ-Funktionäre.

Der Politikwissenschaftler und Islamexperte Thomas Schmidinger beschreibt im Kurier den Einfluss von ATIB: *„Die ATIB war ja bis 2011 nicht einmal Mitglied der Islamischen Glaubensgemeinschaft und hat sie auch nicht anerkannt, jetzt haben sie die Gemeinschaft übernommen."*

## ERDOĞANS ZWEITE PARTEI

Im Februar 2017 meldete sich ein regierungsnaher Informant aus der Türkei und übergab mir einen Stick. Darauf fand ich Geheimdokumente von türkischen Botschaften in der ganzen Welt: in Australien und Schweden, in Italien und Kasachstan, in den Niederlanden und in Bosnien. Die wichtigsten stammten aus Deutschland und Österreich, jenen Staaten, die auf Erdoğans Angriffsplan ganz oben stehen.

Aber warum ist Österreich so wichtig?

Darauf gibt es zwei Antworten. Erstens: Besonders viele Einwanderer aus der Türkei leben in Deutschland und Österreich. Zweitens: Die AKP hat in Österreich eine Schwesterpartei: die ÖVP. Sie ist bis heute in aller Stille die Schutzpartei von UETD, MÜSIAD und ATIB.

Der österreichische Außenminister kritisiert zu Recht die Entwicklung in der Türkei. Der Innenminister will das Demonstrationsrecht einschränken, weil Erdoğan-nahe Organisationen nach dem Putschversuch in der Türkei auf Wiener Straßen demonstriert und randaliert haben. Aber beide ignorieren das Problem vor ihrer Nase: die politischen und religiösen Brückenköpfe in Österreich, mit denen Erdoğan sein europäisches Ziel verfolgt.

Als ich die Botschafts-Dokumente aus Ankara erhielt, wusste ich, dass ich sie besonders genau überprüfen musste. Der türkische Geheimdienst MIT ist für seine gezielt eingesetzten Fälschungen bekannt. Ein Mitarbeiter der türkischen Botschaft half mir, die Dokumente zu überprüfen. Er bestätigte: Ja, sie sind echt.

Ich gab die Dokumente an das Bundesamt für Verfassungsschutz und Terrorismusbekämpfung im Innenministerium weiter. Da erlebte ich meine erste Überraschung: Das BVT hatte von nichts eine Ahnung. Erdoğans Brückenköpfe waren direkt unter den Nasen der Verfassungsschützer errichtet worden. Aber die Nasen waren verstopft.

Am 22. Februar 2017 stellte Puls4-Moderator Thomas Moor in der Sendung Pro & Contra Innenminister Wolfgang Sobotka eine Frage: *„Ein ATIB-Pressesprecher, Selfet Yilmaz, war ÖVP-Kandidat für die ÖVP-Landtagswahl* *in Niederösterreich. Gibt es da noch Verbindungen zur ÖVP?"*

Der Minister antwortete erfreut: *„Ja, selbstverständlich. Ich kenne den Herrn sehr gut. Er ist ja ein bekennender Österreicher und ungeheuer engagiert für die Integration der ersten, zweiten und dritten Generation, der auch in seiner Arbeit in die Öffentlichkeit geht und er ist genauso erschüttert darüber, und da wird es ganz klare Maßnahmen von ATIB geben, wo sie stehen und wofür sie stehen."*

Die Minister-Hymne an ATIB war kein Ausrutscher. Am 2. März 2017 beantwortete Innenminister Sobotka meine Frage im Nationalrat:

*„In den anderen Vereinen, die Sie ja angesprochen haben – ATIB, die offiziell für die kulturellen und sozialen Kontakte mit Österreich verantwortlich sind –, kenne ich einige Vertreter, die sich ungeheuer positiv für Österreich eingesetzt haben."*

Mehr hat der Minister zu Erdoğans Moschee- und Spitzelverband ATIB nicht zu sagen.

Der Innenminister hat
1.  bis heute keinen BVT-Bericht zum Erdoğan-Netzwerk in Österreich vorgelegt;

2. nichts unternommen, um die Tätigkeit der Erdoğan-Stasi in Österreich zu unterbinden;
3. in diesem Zusammenhang alle Hinweise des Verteidigungsministers ignoriert;
4. toleriert, dass ATIB Union laut Statut vom Religionsattaché der türkischen Botschaft geführt und von Diyanet in Ankara kontrolliert wird;
5. als Vereinsbehörde nichts dagegen unternommen, dass ATIB UND UETD regelmäßig und systematisch gegen den Vereinszweck verstoßen;
6. der Vereinsbehörde keinen Auftrag gegeben, die Auflösung von ATIB zu prüfen;
7. nichts getan, um Menschen in Österreich vor der Verfolgung durch die Erdoğan-Stasi zu schützen.

Der letzte Punkt ist besonders wichtig. Seit mehr als einem Jahr werden Österreicher mit türkischen oder kurdischen Wurzeln an der türkischen Grenze verhaftet. Einige von ihnen haben sich an mich gewandt, nachdem sie von Innenminister und Außenminister in Stich gelassen worden waren. Einer von ihnen ist Kazim Ö.:

*„Am 27. Oktober 2016 habe ich aus der Türkei einen Anruf bekommen, dass meine Mama krank sei und ich doch bitte zu ihr in die Türkei komme solle. Da sie schon sehr alt ist und ich nicht weiß, wie lang sie noch lebt, wollte ich unbedingt zu ihr fliegen.*

*In Istanbul kam ich am 29. Oktober um 15 Uhr am Flugha-*
*fen Sabiha Gökcen an und musste als österreichischer Staats-*
*bürger vor der Passkontrolle noch ein Visum lösen. Am Weg*
*dorthin haben schon drei Polizisten in Zivil auf mich gewar-*
*tet. Das war noch vor der Passkontrolle, daher glaube ich,*
*die haben mein Bild gehabt. Sie haben gesagt, sie sind von*
*der Polizei und ich muss mitkommen. Sie haben mir nicht*
*gesagt, warum, obwohl ich gefragt habe. In dem Büro waren*
*sieben bis acht Polizisten. Man hat mich fotografiert und wie*
*einen Terroristen behandelt. Sie haben mir gleich den Pass*
*und das Handy abgenommen, noch bevor wir die Polizeista-*
*tion betreten haben. Ich konnte daher weder mit meinem*
*Bruder, der samt seiner Familie mit Kindern auf mich am*
*Flughafen wartete, noch mit meiner Familie in Österreich*
*Kontakt aufnehmen.*

*Dann habe ich beobachtet, wie sie alle Daten des Telefons*
*mittels eines anderen Geräts kopiert haben.*

*Ich wollte wissen, warum ich hier angehalten werde, aber*
*alle Polizisten waren „taub und blind" („ich mache nur mei-*
*ne Arbeit"). Insgesamt haben sie mich drei Nächte in einer*
*Polizeistation am Flughafen festgehalten. Die Tür zu unse-*
*rem Raum war immer versperrt. Wir waren 15 Leute, es war*
*kalt und ich habe keine Decke bekommen, ich konnte kaum*
*schlafen. Ich habe mich dadurch schwer verkühlt. Die gan-*
*ze Zeit brannte das Licht in der Zelle. Während der ganzen*

*Zeit erhielten wir keine frische Kleidung oder eine Zahnbürste.*

*Zwei Tage lang habe ich versucht mit dem Polizeichef zu sprechen, um zu erfahren, was los ist, aber er ist nie gekommen. Ich hatte ja kein Handy und meine Familie hat sich bestimmt Sorgen gemacht, weil sie nicht wusste, was los ist. Ich wollte, dass sie meinen Bruder verständigen. Der ist pensionierter Hauptmann der türkischen Polizei. Er hätte die österreichische Botschaft verständigen können. Aber die Polizei hat meinen Bruder nie verständigt und mich auch nicht die österreichische Botschaft verständigen lassen.*

*Am 31. Oktober wurde ich ungefähr um 15 Uhr freigelassen. Damit war ich ziemlich genau 72 Stunden eingesperrt – das ist so viel wie in der Türkei gesetzlich maximal erlaubt ist, jemanden vorläufig festzuhalten. Ich wurde von mehreren Beamten am Flughafen in Istanbul gemeinsam mit einem anderen Österreicher zum Flugzeug begleitet. Wir waren die Ersten im Flugzeug und mussten ganz hinten einsteigen und uns in die letzte Reihe setzen.*

*Bei meinem Rückflug nach Wien ist ein türkischer Beamter mitgeflogen. Er hatte mein Handy und meinen Reisepass in einem Paket. Am Flughafen Wien hat die österreichische Polizei gewartet. Der türkische Beamte wollte ihnen das Paket mit meinen Sachen geben, aber die österreichische Polizei* hat gesagt: „Das nehmen wir nicht. Das hat mit uns nichts zu tun. Die Sachen musst du ihm selber geben." Da hat mir der türkische Beamte meine Sachen gegeben. Die österreichischen Polizisten sind dann weggegangen, ohne mir zu helfen oder zu fragen, was mir in der Türkei widerfahren ist. Ich habe auch nicht versucht, mit ihnen zu reden, ich war einfach nur froh, wieder in Wien zu sein."

Ich bin dem Fall nachgegangen und habe weit mehr als ein Dutzend weiterer Fälle gefunden. Nach einer Woche Recherchen war klar: Die Erdoğan-Aktivisten bespitzeln Kritiker des Präsidenten mitten in Österreich. Sie schicken ihre Berichte über die Botschaft oder direkt an die Polizei in Ankara. Österreicher, die so denunziert werden, reisen dann geradewegs in die Falle.

Der Außenminister hat im Parlament bestätigt, dass er die Fälle und die Gefahr kennt. Aber er hat nichts getan. Der Innenminister bestätigt, dass er die Beweise für die Spitzeltätigkeit von ATIB erhalten hat. Aber er schützt ATIB und nicht deren Opfer.

Was liegt dem Innenminister an ATIB und UETD? Und warum lässt der Außenminister Österreicher ungewarnt und ungeschützt in die Erdoğan-Falle Türkei reisen?

Die Antwort findet sich in der ÖVP.

## „EINER VON UNS"

*„O İçimizden Biri – Er ist einer von uns."* Der eine ist Sebastian Kurz, der andere Hasan Vural. Beide lachen von einem Wahlkampfplakat der ÖVP. Der Plakattext ist türkisch. Nur unter „ÖVP" steht ein seltsamer Satz: „Willkommen Zukunft!"

Der MÜSIAD-Funktionär Vural kandidierte bei der Nationalratswahl 2013 für die ÖVP auf Platz 15 der Wiener Liste. Vural verfügte über ein eigenes Wahlbüro am Wiener Brunnenmarkt. Mit 1.500 Stimmen blieb das Vorzugsstimmenergebnis dann weit unter den gemeinsamen Erwartungen.

Vurals Tätigkeitsfeld reicht bis in die muslimische Familienpolitik: *„Wieso werden Kondome an Muslime verteilt? Sollen wir etwa keine Kinder mehr bekommen können?"* Aber seine Hauptkompetenz liegt nicht in der Familienpolitik. Sie trägt einen Namen: Erdoğan.

Der Erdoğan-Unternehmerverband MÜSIAD dient der Kontrolle der türkischstämmigen Klein- und Mittelunternehmer in Österreich. Zwei Kontaktleute verbinden MÜSIAD regelmäßig mit Ankara: der AKP-Abgeordnete Metin Külünk und Bilal Erdoğan, der geldwäscheverdächtige Sohn des Präsidenten.

2013 war Sebastian Kurz beides: die Nachwuchshoffnung der ÖVP und der Kontaktmann zu den Erdoğan-Vereinen. Das Geschäft war für beide Seiten vorteilhaft: Die AKP-Vereine griffen der ÖVP im Wahlkampf unter die Arme; und die ÖVP revanchierte sich mit Listenplätzen und guten Kontakten.

Aber diesmal wird sich die ÖVP vor der Wahl entscheiden müssen. Schützt der Innenminister weiter ATIB, UETD und MÜSIAD? Duldet der Außenminister weiter Erdoğan-Provokateure mit Diplomatenpass?

## MIT DER NATO GEGEN ÖSTERREICH

Erdoğans Strategie hat noch ein zweites Ziel: die Islolierung Österreichs. Dieses Ziel erreichte er im Mai 2017 mithilfe der NATO.

Im August 2016 begann die Türkei die Zusammenarbeit Österreichs mit der NATO zu blockieren. Dazu hatte sich Erdoğan etwas einfallen lassen: Er legte sein Veto gegen die Annahme des Individual Partnership Cooperation Programme (IPCP) ein. Damit waren plötzlich alle Partnerschaftsprogramme innerhalb der NATO blockiert. 41 NATO-Staaten konnten plötzlich nicht Neues miteinander machen. Staaten wie Finnland protestierten in der Zentrale.

Die NATO gab dem Druck sofort nach. Generalsekretär Stoltenberg schlug eine Reform des Partnership Cooperation Menus PCM vor. Damit sollten in Zukunft alle Kooperationen einzeln mit den Staaten verhandelt werden. Das staatliche Vetorecht sollte bleiben – und die Türkei sollte damit anstatt des Rechts, alle Kooperationen zu blockieren, das Recht, die Kooperation mit einem einzelnen Staat unmöglich zu machen, erhalten. Am 23. Mai 2017 nahm die NATO das türkische Ultimatum an und setzte Österreich vor die Tür.

Damit entschied sich die NATO gegen Österreich und für Erdoğan. Seitdem sitzen Außenminister und Verteidigungsminister in Brüssel vor der Tür und warten, dass Erdoğan sie wieder reinlässt.

Aber was hätte Österreich tun sollen? Darauf gibt es eine einfache Antwort: Wenn man nicht erwünscht ist, geht man. Wir im Parlament wissen, dass der Rückzug Österreichs für die NATO ein schwerer Verlust wäre. Das österreichische Bundesheer stellt im Kosovo mit Abstand die besten Einheiten. Die österreichische Spezialität – Frieden erhalten und vermitteln, ohne zu eskalieren – hat im heikelsten Winkel Europas schon oft das Schlimmste verhindert.

Wer heute das österreichische Bataillon in Priština besucht, erfährt von amerikanischen und österreichischen Soldaten schnell, wo das Hauptproblem liegt. Es ist wieder einmal die Türkei. Türkische NATO-Truppen provozieren im Süden des Kosovo italienische Einheiten und machen unmissverständlich klar, dass sie den Kosovo als türkisches Interessengebiet betrachten.

Wer durch das verarmte Land fährt, sieht überall die Zeichen der Islamisierung. Der politische Islam trägt hier im Südosten Europas bereits türkische Uniformen.

Erdoğan kennt die Schwächen der NATO. In den letzten zehn Jahren hat sich das nordatlantische Militärbündnis zur Sicherung des demokratischen Europas in einen Pakt, der im Interesse der USA Krieg im Nahen Osten führt, gewandelt. Staaten wie die Türkei und Saudi-Arabien bestimmen immer mehr Ton und Strategie in Brüssel.

Es gibt für Österreich keinen Grund, vor der NATO-Tür sitzen zu bleiben. Wenn sich die NATO für islamische Diktaturen und gegen europäische Demokratien entscheiden, trennen sich die Wege.

Daher ist es Zeit, dass Österreich die Partnerschaft mit der NATO beendet. Wir brauchen dazu nur noch einen Kanzler, einen Außenminister und einen Verteidigungsminister, die dazu bereit sind.

## ÖSTERREICH SCHÜTZEN

Die Aktivitäten des türkischen Präsidenten stehen zu Recht im Zentrum der Aufmerksamkeit. Von ihm geht die größte Gefahr aus. Aber wer Österreich schützen will, muss alle Gefahren ernst nehmen:

- die bosnischen Salafisten, die sich über acht Moscheen in Graz vernetzen. Bosnische Verfassungsschützer schicken immer wieder Fotos, die Autos mit Grazer Kennzeichen in den „arabischen Dörfern" der Salafisten in Nordbosnien zeigen. Aber der steirische Verfassungsschutz kann nicht einmal zusehen – der Innenminister hat ihm bis heute nicht das notwendige Personal zur Verfügung gestellt.

- die islamischen Kindergärten und Schulen, die offensichtlich der Kontrolle der zuständigen Behörden entglitten sind. Muslimbrüder und saudische Wahhabiten haben freien Zutritt zu den Köpfen und Gedanken ungeschützter Kinder. Die Schließung dieser Route hat erst begonnen, auch, weil die Stadt Wien das Problem einfach verschlafen hat.

- die Islamische Glaubensgemeinschaft, die längst Teil des Problems geworden ist.

- die Lücken im Islamgesetz, die eine wirksame Kontrolle von Geldflüssen unmöglich machen.

- die Waffenlieferungen aus Österreich. Steyr-Scharfschützengewehre für die Spezialkommandos der türkischen Polizei; Munitionslieferungen an Abu Dhabi für den Krieg im Jemen; Gewehrgranatenlieferungen an Saudi-Arabien. Österreich liefert die Waffen, vor denen die Menschen nach Europa flüchten. Auf meine Frage, ob das nicht unterbunden werden sollte, antwortete der Außenminister im Parlament: „Das sind freie Märkte, in die greife ich nicht ein."

Wer Österreich schützen will, muss Gefahren rechtzeitig erkennen: in Kindergärten und Schulen, im Waffenhandel und vor allem dort, wo bereits Grenzen überschritten und Gesetze gebrochen werden.

Wer diesem Schutz eine starke Basis legen will, muss investieren: in Deutschkurse und Berufsbildung; in Unterstützung muslimischer Frauen; und in den Schutz ihrer Kinder. Und vor allem in öffentliche Schulen und Kindergärten, in denen unsere Kinder nicht in eine Religion, sondern in die Republik Österreich und ihre offene Gesellschaft begleitet werden.

# WIR WOLLEN ES WISSEN

Wir leben in einem ganz besonderen Land. Österreich ist reich: an Wasser, Wald und Natur; an Zukunftsunternehmen und an Kultur; an talentierten und qualifizierten Menschen.

Von Arbeitslosigkeit bis Einwanderung stehen wir vor Problemen, die anderswo als fast unlösbar erscheinen. Wir haben Mittel und Möglichkeiten, sie zu lösen. Es sind nicht arme Staaten wie Griechenland, sondern reiche Staaten wie Österreich, die zeigen können, wie es geht.

Vieles kann in den nächsten Jahren schiefgehen. Das kann sein. Aber es muss nicht sein. Es gibt Gründe zur Furcht. Aber es gibt ebenso viele Gründe zur Hoffnung.

Krisen sind Chancen. In Krisen kommt es auf die an, die Chancen erkennen und neue Wege gehen. Andere werden ihnen folgen. Mitten in der politischen Krise Europas geht es um Staaten und Regierungen, die den Aufbruch wagen.

# EIN NEUER WEG

Es ist längst kein Geheimnis mehr, dass der Neoliberalismus am Ende ist. Der Glaube, dass Finanzmärkte rationales und effizientes Verhalten bewirken, dass Fiskalpolitik nur der Stabilität und nicht den Zielen „Wachstum" und „Beschäftigung" verpflichtet ist, und dass Zentralbanken nur Inflation und nicht Arbeitslosigkeit bekämpfen dürfen, dass also die vollkommene Freiheit der Märkte alles heilt und nichts ruiniert, dieser Glaube ist an der Realität gescheitert.

Trotzdem bestimmt er nach wie vor die Politik der Finanz- und Wirtschaftsminister der Staaten der EU. Die Opfer der gescheiterten Politik werden immer zahlreicher: einkommens- und bildungsschwache Schichten, aber auch Jungakademiker und zunehmend Angehörige der Mittelschichten; und zuletzt ganze Staaten wie Griechenland, deren sozial Schwächste jetzt für die missglückten Spekulationen großer europäischer Banken geradestehen müssen.

Die große Entscheidung über eine neue europäische Wirtschaftspolitik wird noch immer hinausgeschoben. Ihre Elemente – Stärkung der Nachfrage über öffentliche Investitionen in Infrastruktur, Verkehr, Telekommunikation und Energieeffizienz, Öffnen der starren Maastricht-Kriterien zur Unterstützung der neuen Wirtschaftspolitik,

Umverteilung von oben nach unten und damit zu mehr Konsum und privater Nachfrage – sind bekannt. Die Gefahr der Verzögerung des überfälligen Kurswechsels ist weniger bekannt. Wenn immer mehr Menschen überzeugt sind, dass die Politik ihre Interessen ignoriert oder gar verletzt, werden sie sich noch leichter gegen offene Grenzen, Freihandel und Märkte entscheiden.

Das Pendel kann dann von der totalen Marktfreiheit in einen ebenso schädlichen Protektionismus umschlagen.

An dieser Weggabelung kommt es auf jede einzelne politische Weichenstellung an.

## UNSERE GRENZEN

Auch wenn es manche stört: Ohne Grenzen geht es nicht.

Im Bereich der persönlichen Unversehrtheit ist das längst selbstverständlich. Wer jemanden angreift und seine Integrität verletzt, bekommt die Folgen der Grenzverletzung zu spüren.

Grenzen stellen immer klar, wo das „Außen" endet und das „Innen" beginnt. Wir entscheiden jetzt, wo Europas Grenzen in Zukunft verlaufen. Dabei sollte allen längst klar sein: Nur gut überwachte Außengrenzen machen Grenzen mitten durch Europa überflüssig.

Schutz und Überwachung unserer Außengrenzen sind polizeiliche Aufgaben. Das Militär hat dort nichts verloren. Das ist ein Grundsatz unserer europäischen Verfassungen.

Wenn wir das wollen, müssen wir auch die Voraussetzungen schaffen, für eine gemeinsame europäische Polizeiarbeit.

Aber wenn Hunderttausende Flüchtlinge an den Grenzen Europas ankommen, ist es schon zu spät. Wir haben mittelfristig nur die eine Chance, dass wir ihnen viele Gründe geben, sich nicht auf den Weg zu machen.

Die afrikanischen Erntearbeiter, die in sklavenähnlichen Zuständen in Südspanien Lebensmittelmassen produzieren, wissen nicht, dass viel davon hochsubventioniert auf afrikanische Märkte gepumpt wird – und dort die lokale Landwirtschaft ruiniert. Die Eigentümer der großen europäischen Fangflotten wissen dagegen sehr gut, dass ihre modernen Schiffe die westafrikanischen Küsten leerfischen – und statt der Bauern die Fischer in den Ruin treiben.

Vor diesen Entwicklungen warnen Experten und besorgte Bürger und Bürgerinnen seit mehr als zwei Jahrzehnten.

Es ist kein Grund zur Freude, wenn ihnen die Flüchtlingswellen jetzt recht geben.

Also, was tun wir? Weiter Lebensmittel auf die Agrarmärkte pumpen, damit das Geschäftsmodell der europäischen Agrarindustrie noch ein paar Jahre länger überlebt? Weiter die Küsten leerfischen, bis es keine Thunfische und keine lokalen Fischer mehr gibt? Und das alles – Agrarsubventionen, Fischereiprivilegien, Mittelmeereinsätze und verstärkter Grenzschutz – von unserem Steuergeld? Die Verlierer sind wir alle. Warum nimmt die Politik in Brüssel immer noch auf die wenigen Gewinner Rücksicht?

## ANKOMMENSKULTUR

Wenn die EU ihre Politik gegenüber Afrika ändert, bleibt noch immer genug zu tun. Staatssekretäre und Minister haben in Wien zwei Jahrzehnte lang alle Herausforderungen der Integration verschlafen. Den Höhepunkt bildet ein Außenminister, der seit mehr als zwei Jahren beinharte Forderungen an den Integrationsminister stellt. Kaum jemanden stört, dass es sich um ein und dieselbe Person handelt. Dass das Selbstgespräch zu keinen Resultaten geführt hat, sagt vor allem etwas über die handelnde Person aus.

„Was willst du einmal arbeiten?" – „AMS!" Das ist keine böse Erfindung, sondern Realität, mitten in Wien.

*„Viele Flüchtlinge haben die Einstellung: ‚Die da oben müssen alles für uns machen.' So sind sie es aus ihrer Herkunftskultur gewohnt, im Guten wie im Schlechten. Man nennt es Kismet – Schicksal."* Das schreibt die Jesidin Düzen Tekkal im Jänner 2017 in der „Welt". Aber sie erinnert auch an ihren Vater, der 30 Jahre lang als Fliesenleger die Zukunft seiner Kinder in Deutschland geschaffen hat.

In Deutschland und Österreich haben wir in den letzten Jahren Hunderttausende Menschen willkommen geheißen. Aber die Stimmung ist längst gekippt. Aus der Willkommenskultur droht eine Abweisungskultur zu werden.

Im Sommer 2015 habe ich selbst eine junge kurdische Familie, die mit ihren zwei kleinen Töchtern aus dem brennenden Aleppo geflüchtet war, im Auto nach Wien gebracht. An der Grenze lernte ich den Einsatzleiter der Polizei kennen: einen engagierten, hochprofessionellen Beamten namens Hans Peter Doskozil.

Damals hießen wir Flüchtlinge, die sich mitten aus dem Krieg über mehr als tausend Kilometer zu uns durchgekämpft hatten, willkommen. Ich halte das nach wie vor für eine Selbstverständlichkeit.

Aber es gibt eine Alternative: die Ankommenskultur. Sie klärt, was von den Zuwanderern erwartet und was nicht geduldet wird.

Das ist zweierlei: Deutsch lernen und die Grundsätze unserer Kultur verstehen und respektieren.

Wir verständigen uns auf Deutsch, auch wenn das meinige deutlich steirisch gefärbt ist. Wir können erwarten, dass sich die Neuankömmlinge mit uns verständigen wollen. Sie haben Anspruch auf jede Unterstützung. Aber wenn sie das Erlernen unserer gemeinsamen Sprache verweigern, verweigern sie die Ankunft bei uns.

Die Grundsätze unserer Kultur sind die Rechte und Pflichten. Das Recht auf Gleichberechtigung zwischen Frauen und Männern begründet auch die Pflicht, die Rechte der Frauen zu respektieren. Wer das nicht will, kann wieder gehen.

Freiheit beruht auf Toleranz. Aber falsche Toleranz ist ein Einfallstor für Unfreiheit. Manche Kritiker des politischen Islam glauben, sich gegenüber dem Vorwurf der „Islamophobie" rechtfertigen zu müssen. Ich finde ihn lächerlich. Und nicht mehr.

Beim Ankommen brauchen die Ankömmlinge vor allem Hilfe. Eine junge Bosnierin, die mit zehn Jahren aus ihrer

Heimat flüchten musste, hat mir ihre Schule im 15. Wiener Bezirk geschildert. „Dort waren wir fast nur Ausländerkinder. Aber das hat nichts gemacht. Die Lehrer haben sich um uns gekümmert. Wir haben schnell Deutsch gelernt. Ich bin dort angekommen."

Heute ist sie Anwältin. Gut angekommen und kein Einzelfall.

## PROTEST

Wie in ganz Europa brechen auch hier bei uns die alten Regierungsparteien zusammen, die einen langsamer, die anderen atemberaubend schnell. In Vorarlberg liegt die SPÖ, in Wien die ÖVP in den letzten Zügen.

Auch in Österreich haben die traditionellen Regierungsparteien dem Angriff der Rechten immer weniger entgegenzusetzen. Im Burgenland bildet die SPÖ zum ersten Mal eine Regierung mit der FPÖ. In Oberösterreich hat die ÖVP bereits den Schritt zur FPÖ gemacht. Und in der Stadt Linz sind es wieder die Sozialdemokraten, die es zwar nicht so meinen, aber es trotzdem tun.

Wie die Zukunft Europas wird auch die Zukunft Österreichs zwischen zwei Polen bestimmt: einem der nationalistischen fremdenfeindlichen Rechten und einem auf der anderen Seite.

Vor 20 Jahren wurden in ganz Europa Wahlen durch „Wechselwähler" entschieden. Heute entscheidet eine andere Gruppe: die Protestwähler. Wer sie gewinnt, regiert. Rechts und links sammeln sich die Protestwähler um zwei Pole. Nur: Der Gegenpol zur Rechten fehlte bis vor kurzem auch in Österreich.

Eines wissen wir aus Erfahrung: Man kann Protestwähler nicht gleichzeitig verspotten und gewinnen. Manche von ihnen haben Schwierigkeiten mit der Rechtschreibung. Viele von ihnen wissen politisch erstaunlich wenig. Aber das sagt mehr über unser Bildungssystem und weniger über sie.

Die Ängste der Protestwähler sind oft diffus. Aber ihre Probleme sind in der Regel konkret. Sie wollen wissen, wie es mit ihnen weitergeht. Ihre Fragen kreisen um einen einzigen Begriff: Sicherheit. Vor Arbeitslosigkeit; vor Wohnungsnot; vor Schulden und Armut; vor sozialem Abstieg; vor Kriminalität; und vor dem „Fremden", davor, eine „Minderheit" im eigenen Land zu werden.

Ihr Grundproblem lässt sich mit Zahlen umschreiben. 122 Millionen Menschen leben in der EU in Armut. In Österreich trifft das rund eine Million Menschen. Zwischen 1998 und 2013 hat laut Rechnungshof allein das unterste Zehntel der Männer 52 Prozent seines Bruttoeinkommens verloren. Sie wissen, dass sie auf Dauer auf der Verliererseite gelandet sind. Und sie fragen sich, wer schuld ist.

Wenn sie ab und zu jemanden von uns treffen, wiederholen sie einen Satz: „Ihr seid nur für die Ausländer da – für uns seid ihr nicht da." Wie oft haben wir das gehört – „Für die gibt es eine Willkommenskultur. Um mich kümmert sich niemand."

Immer wieder haben wir ihnen dann unsere Ausländerpolitik erklärt und dabei übersehen, dass der entscheidende Satz am Ende kommt. „Seid ihr für uns da? Und was tut ihr für uns?" Wenn wir diese Menschen links liegen lassen, wählen sie rechts.

Das Erste, was wir lernen müssen, ist zuhören. Das hat viel mit Respekt zu tun. Das Zweite heißt „Hoffnung". Die nationalistische Rechte nährt sich von der Angst. Wo aus Angst Hoffnung wird, verliert die Rechte ihren Nährboden.

# GEGENPOL

Die nationalistische Rechte hetzt arme Inländer auf arme Ausländer. Wir schützen die Menschen vor den Hetzern und richten uns überall in Europa gegen einen ganz anderen Gegner: das spekulierende Finanzkapital und seine Mitläufer in Banken und Parteien.

Rechte volken um. Wir verteilen um: Arbeit, Einkommen und Lebenschancen. Am reichsten Kontinent der Welt ist das keine Frage des Könnens, sondern eine des Wollens.

Leistbare Mieten; Pflege für alle, die sie brauchen; Steuern auf große Vermögen statt auf kleine Einkommen; die besten gemeinsamen Schulen und starke offene Universitäten; ökologischer Umbau von Wirtschaft, Verkehr und Wohnen. Einer der reichsten Staaten der Welt kann sich das leisten. Das Geld dafür liegt nicht auf der Straße, sondern auf Konten, in der Schweiz, in Luxemburg, auf den Kanalinseln.

Jetzt stehen wir vor einer neuen großen Herausforderung. Werden wir der soziale Gegenpol zum neoliberalen Block, der in seiner schwersten Krise jetzt noch mehr Macht für Märkte und Konzerne will? Werden wir der politische Gegenpol zur nationalen Rechten, die sich anschickt, in einem Staat nach dem anderen die Regierungsmacht zu übernehmen? Und schützen wir unsere Heimat Österreich erfolgreich vor dem politischen Islam und seinen Emissären?

Ob das geht? Garantie gibt es keine. Aber eines ist klar: Außer uns gibt es niemanden, der das rechtzeitig vor der nächsten Wahl versuchen kann. Wir müssen es einfach probieren.

# GERECHTIGKEIT, SAUBERKEIT, SICHERHEIT, FREIHEIT, FREIWILLIGKEIT

Das sind die fünf Träger unserer Politik. Auf sie bauen wir unsere gemeinsame Arbeit und unsere Liste.

## GERECHTIGKEIT

Wir wollen eine gerechte Politik und eine gerechte Gesellschaft. Aber was ist gerecht?

Das erfährt man am besten über das Gegenteil. Jeder weiß, was ungerecht ist, …

- wenn die einen Steuern zahlen und die anderen aus den Steuern flüchten;
- wenn die einen die beste medizinische Behandlung bekommen und die anderen sich die Untersuchung selbst bezahlen – oder lebensbedrohliche Monate warten müssen;

- wenn die einen wegen eines Ladendiebstahls ins Gefängnis gehen und die anderen Milliarden verschwinden lassen und freigehen.

Es sind „die einen" und „die anderen". „Die einen" gewinnen seit 30 Jahren, „die anderen" verlieren.

Gerechtigkeit ist nichts anderes als die überfällige Umverteilung von Arbeit, Einkommen und Lebenschancen von oben nach unten.

Das beginnt bei den Steuern. Es gibt eine einfache Regel: Einkommen aus Arbeit soll nicht höher besteuert werden als arbeitsloses Einkommen. Es soll einen Unterschied machen, ob man selbst arbeitet oder sein Geld für sich arbeiten lässt.

Unser Steuersystem belohnt Vermögen und bestraft Arbeit. Also wollen wir Arbeit entlasten. Einige der ersten Schritte dazu sind längst bekannt:

Die Mehrzahl der EU-Staaten besteuert Vermögen. Österreich leistet sich den Luxus, auf Vermögensteuern zu verzichten.

Aber wenn wir etwa vermögende Erben fair besteuern, müssen wir aufpassen, dass dadurch nicht die Falschen geschädigt werden. Das Elternhaus, das zum Erbe wird, ist nicht überall gleich viel wert. Viele Betriebe gerade im Tourismus würden durch eine Erbschaftsteuer unvertretbar belastet werden. Daher wird es präzise Ausnahmen geben müssen.

Damit die Belastungen nicht einseitig verteilt werden, muss in Zeiten der Digitalisierung aller Lebensbereiche die Steuerlast breiter verteilt werden. Wertschöpfungsabgaben stellen sicher, dass neben der Arbeit auch Gewinne, Mieten und Verpachtungen herangezogen werden. Aber dabei muss eines beachtet werden: Abschreibungen dürfen nicht besteuert werden, weil Investitionen nicht bestraft werden dürfen.

Und: Die Höchstbemessungsgrundlage zur Krankenversicherung soll fallen. Natürlich muss im Detail berechnet werden, wo die Flucht der Bestverdiener in private Systeme beginnt. Dort findet sich auch eine neue Obergrenze der sozialen Vernunft.

Genau diese Frage nach der Gerechtigkeit wird auch in unseren Spitälern beantwortet: Wie viel ist deine Gesundheit wert? Und in der Pflege, in der Ausbildung ...? Wenn die Antwort „gleich viel wie alle anderen" lautet, begründet das Sicherheit. Diese Sicherheit, nicht zurückgelassen und übersehen zu werden, ist auch bei uns in Österreich verlorengegangen. Wir müssen sie wiederherstellen.

## SAUBERKEIT

„Alle Politiker sind Gauner." Als ich im Jänner 2012 mit meiner Arbeit im großen Korruptions-Untersuchungs-ausschuss begann, hörte ich das jeden Tag auf der Straße, nicht böse, sondern resignierend, so, als ob das ein Natur-gesetz wäre.

Ein halbes Jahr später klang das auf denselben Straßen schon anders: „Ja, super, dass Sie das alles aufklären, aber es nützt ja eh nichts." Der Nachsatz hieß jetzt: „Alle ande-ren sind Gauner."

Das war ein Fortschritt. Die erfolgreiche Aufklärungsar-beit im Parlament hatte vielen Menschen zumindest ein Vertrauen wiedergegeben: dass der Nationalrat Zähne hat und sie endlich den Richtigen zeigt.

Mit der letzten Runde gegen Eurofighter sind wir einen gro-ßen Schritt weitergekommen. Zum ersten Mal steht fast die gesamte politische Republik geeint auf der Seite der Kor-ruptionsbekämpfung, und zum ersten Mal zeichnet sich ab, dass wir eine große Auseinandersetzung gewinnen.

Viele Menschen glauben inzwischen, dass das Parlament diesen Kampf führen will. Jetzt beginnen sie zu glauben, dass wir das auch können und dass wir erfolgreich sind.

Korrupte Politiker missbrauchen nicht nur ihre Macht, sie missbrauchen und zerstören das Vertrauen der Menschen. Daher gibt es nur einen Weg, der ein neues politisches Vertrauen begründet: die kompromisslose Verfolgung korrupter Politiker und ihrer Parteien.

Dabei geht es nicht um einzelne Politiker und ihre Parteien, sondern um ein System. Seine Grundpfeiler sind:

1. eine unzulängliche Gewaltentrennung. Weder Parlament noch Justiz sind von der Exekutive, der Regierung und der Verwaltung, unabhängig. Die bürokratische Übermacht hat Geschichte – und immer noch Zukunft.

2. ein immer noch zu schwaches Parlament. Der Untersuchungsausschuss ist endlich Minderheitsrecht. Aber heikle Anfragen werden von Ministern nach wie vor nicht oder falsch beantwortet. Das Parlament akzeptiert das immer noch.

3. die kontrollierte Justiz. Der Justizminister kontrolliert alle wichtigen Verfahren und passt auf, dass seine Regierungsfreunde unter Schutz stehen. Drei österreichische Besonderheiten garantieren die Immunität der Regierung und ihrer Freunde: das Weisungsrecht des Justizministers an die Staatsanwälte, der „Berichtsakt"

– die Pflicht, in wichtigen Verfahren an den Minister zu berichten, und die fehlenden Ressourcen.

4. fehlende Tatbestände. Es gibt „illegale Parteienfinanzierung" – aber keine Strafbestimmung. Wer illegal Parteien unterstützt, hat nichts zu befürchten. Wer Parteispenden wäscht, muss in der BRD mit drei Jahren Freiheitsstrafe rechnen. In Österreich droht ihm nichts. Der Tatbestand „Ausschreibungsbetrug" ist in anderen Staaten die wirksamste Waffe gegen Vergabeabsprachen. Ausschreibungsbetrüger haben nur in Österreich wenig zu fürchten.

5. Amtsverschwiegenheit. Wenn Anwälte, Journalisten oder Abgeordnete nachfragen, erhalten sie immer dieselbe Antwort: Amtsverschwiegenheit. Die amtliche Verschwiegenheit schützt die Täter in den Ämtern besser als alles andere. Wenn Opposition und Medien nicht kontrollieren dürfen, fühlt sich die Korruption sicher.

Das alles müssen wir im nächsten Parlament ändern.

Wir wissen, Korruptionsbekämpfung funktioniert in drei Schritten:

1. Aufklärung. Das ist neben Gesetzgebung und der Erstellung eines Budgets als „Kontrolle der Verwaltung" eine

der drei Hauptaufgaben des Parlaments. Das funktioniert immer besser.

2. Verfolgung. Hier kommt die Strafjustiz ins Spiel. Da sieht es nicht so gut aus. Einzelne Staatsanwälte kämpfen in Fällen wie „Eurofighter" verlässlich, aber auf halb verlorenem Posten. Ihr Minister lässt zu, dass sie nebenbei noch andere große Verfahren führen müssen. Mit ihrer ständigen Überlastung ist garantiert, dass sie in der Hoffnung auf die größten Fische nur großmaschige Netze auswerfen können. Die kleineren Fische schwimmen durch, und die größeren bemühen sich, dass das Auswerfen in bestimmten Bereichen unmöglich wird.

Die Strafjustiz braucht bessere Gesetze: Wie in Deutschland sollen auch in Österreich der „Ausschreibungsbetrug" ins Strafrecht und der Tatbestand der Untreue wieder verschärft werden. Wie in München sollen fünf Staatsanwälte für ein großes und nicht wie in Wien ein Staatsanwalt für fünf große Verfahren zuständig sein.

3. Geld zurück. Die Verantwortlichen sollen zahlen. Das gilt für die Täter aus Unternehmen ebenso wie für ihre Mittäter in der Politik. Das sollte auch für die Parteien, die Korruption ermöglicht und geduldet haben, gelten.

Erst wenn die großen Fälle aufgeklärt sind, die Verantwortlichen vor Gericht stehen und verurteilt werden, ihre Parteien haftbar gemacht werden, und die Täter den Schaden wiedergutmachen – dann kommt nach dem Steuergeld auch das Vertrauen zurück.

Der Grasser-Spezi Walter Meischberger hat sich rund um BUWOG in berührender Offenheit selbst gefragt: „Was war meine Leistung?" Ich hoffe, dass Meischberger, Grasser und ihr Freundeskreis schon bald vor Gericht sehen, was unsere Leistung als österreichische Abgeordnete gewesen sein wird.

## SICHERHEIT UND FREIHEIT

Von der sozialen Sicherheit, die die stabile Basis unserer Freiheit bildet, ist wenig zu hören, wenn Sicherheitspolitiker die Bühne betreten.

„Wir brauchen den Bundestrojaner. Die Kennzeichenerfassung. Die Rasterfahndung, ach, die haben wir eh, wir haben sie aber noch nicht gebraucht, dafür brauchen wir Vorratsdatenspeicherung, Video-Totalüberwachung und falls es noch etwas gibt, das auch."

Wozu eigentlich?

„Terrorismus!" Dem Innenminister fällt keine bessere Antwort ein. Manchmal befürchte ich, er hat keine Ahnung, wovon er spricht.

Wie andere Staaten der EU wird auch Österreich von Terroristen bedroht. Der furchtbarste vorstellbare Angriff würde einem der grenznahen Atomkraftwerke in Ungarn, Tschechien oder der Slowakei gelten. Die Flachdächer über den Abklingbecken, wie sie ihre russischen Konstrukteure sorglos entworfen haben, sind ein ideales Angriffsziel für ein bis zwei Drohnen. Das reicht.

Unser Innenminister kennt die Gefahr. Gemeinsam mit AKW-Experten habe ich immer wieder vor Bohunice, Dukovany, Mochovce, Kosloduj, Krško, Isar 1 und Paks gewarnt. Aber der Minister schläft.

In Bosnien trainieren bewaffnete salafistische Gruppen ihren Einsatz im Norden. Saudi-Arabien und Katar finanzieren, die Waffen kommen aus Beständen der ehemaligen DDR. Unser Verfassungsschutz kann die Wagen mit Grazer Kennzeichen nicht einmal beobachten. Personalmangel.

Nach fast jedem terroristischen Anschlag stellt sich heraus: Die Täter waren amtsbekannt. Aber man hat sie nicht überwacht. Von Washington bis Wien haben Innenminister beschlossen, statt der Terroristen uns zu überwachen.

Ihr Ziel ist die anlasslose Massenüberwachung. Für die USA macht das Sinn, denn gewaltige militärisch-informationelle Komplexe wie NSA/CIA bauen an Datensystemen, die ihnen erstmals im NSA-Zentrum im Fort Meade den Zugriff und die Speicherung aller globalen Telekom-Daten erlauben. Ihre Experten wissen, dass sie im Full Take, im Absaugen und Speichern der gesamten weltweiten Telekommunikation, keine Terroristen finden. Aber für den Wettbewerb mit Europa und China hoffen sie den USA und mit ihnen dem englischsprachigen Bündnis der „Five Eyes" – USA, Kanada, Großbritannien, Australien und Neuseeland – einen entscheidenden Datenvorsprung zu verschaffen.

In Österreich ist die anlasslose Imitation amerikanischer Überwachungspolitik blanker Unsinn. Wenn wir hier durch Massenüberwachung die Heuhaufen vergrößern, werden unsere Verfassungsschützer darin noch weniger Nadeln finden. Zyniker wenden hier ein, dass das nichts macht, weil das Bundesamt für Verfassungsschutz und Terrorismusbekämpfung BVT schon jetzt halb taub und fast ganz blind ist. Aber Zynismus ist kein guter Ratgeber für vernünftige Sicherheitspolitik.

Österreich ist nach wie vor eines der sichersten Länder der Welt. Vielleicht das sicherste. Die Entwicklung in den wichtigsten Deliktsgruppen zeigt nach unten. Österreich ist noch sicherer geworden.

Trotzdem fühlen sich so viele unsicher wie kaum jemals zuvor. Das sind nicht einfach Vorurteile, sondern reale Erfahrungen. Es trifft vor allem Frauen, die belästigt werden und sich am Abend auf dem Heimweg fürchten. Da gibt es ein Problem, und das Problem hat mit Ausländern zu tun. Wir wissen, dass das in absoluten Zahlen kein großes Problem ist. Aber das hilft Frauen, die zum ersten Mal in ihrer sicheren Heimatstadt Angst haben, nicht. Auch sie haben ein Recht, dass ihre Angst ernstgenommen wird.

Wer das verschweigt, überlässt mögliche Lösungen den Falschen.

Als ich im Jänner 2017 die öffentliche Auseinandersetzung mit Erdoğans Brückenköpfen begann, wusste ich, dass das „Ausländerthema" politisch vermint ist. Da hilft es, wenn man die Minen kennt.

Ich wusste, was die FPÖ an meiner Stelle getan hätte: „Türken raus!" Meine Antwort war ein Versuch, die Richtigen anzugreifen, ohne die Falschen zu treffen: „Wir schützen unsere Türken vor Erdoğan!" Am Höhepunkt der Auseinandersetzung raunte mir am Heimweg in der U-Bahn ein älterer Kaisermühlner zu: „Wissen 'S, Herr Doktor, der Erdoğan soll seine Finger von unseren Türken lassen. Die schützen wir nämlich, ob's ihm passt oder nicht!" Da wusste ich, dass es gutgegangen war.

Ich befürchte, der Innenminister hat eines vergessen: dass Polizei und Justiz vor allem unsere Freiheiten schützen. Es gibt nach wie vor keinen Grund, sie einzuschränken. Aber es gibt viele Gründe, sie auszubauen. Wir brauchen neue Informationsrechte. Wir brauchen ein Informationsfreiheitsgesetz, das die Amtsverschwiegenheit ablöst. Wir brauchen Rechte für den digitalen Raum, gerade gegenüber den großen Internetkonzernen. Und wir brauchen Verfassungsgarantien für unsere digitale Integrität – für den umfassenden Schutz all unserer Daten.

Neue Sicherheit brauchen wir aber auch in einem der sensibelsten Bereiche: der Einwanderung. Wir wollen keine illegale Einwanderung und wir wollen keinen ungeregelten Zuzug von Wirtschaftsflüchtlingen. Wir brauchen einen Plan für geordnete Zuwanderung, der penibel eingehalten wird, damit ein staatliches Organisationsversagen wie im Jahr 2015 nie wieder geschehen kann. Und damit neben den Asylsuchenden nur die kommen, die wir integrieren können.

## FREIWILLIGKEIT

Früher gab es die „schweigende Mehrheit". Als Regierungspartei war es leicht, sich auf sie zu berufen, weil sie bekanntlich schwieg, auch wenn man sich ihrer bediente. Das Schweigen wurde einfach als stille Zustimmung zu allem, was die Regierung entschied, gewertet. Die unzufriedene Mehrheit, an der sich von FPÖ bis SPÖ fast alle orientieren, schweigt längst nicht mehr.

Alle übersehen dabei eines: dass es in Österreich auch eine andere Mehrheit gibt – die Mehrheit der engagierten, helfenden Menschen.

Als 2015 Zehntausende Flüchtlinge aus dem Nahen Osten die ungarisch-österreichische Grenze überschritten, war die Regierung überrascht und überfordert. Ihre Aufgabe übernahm die „Zivilgesellschaft": eine Allianz aus großen und kleinen Helfern. Von Caritas und Rotem Kreuz über die vielen Aktivistinnen am Westbahnhof bis hin zu den Tausenden, die ihre Wohnungen und Häuser öffneten, funktionierte fast alles spontan und gut.

Wer von dieser Welle der Hilfsbereitschaft überrascht war, kennt unser Land schlecht. Vieles ist nur möglich, weil Menschen freiwillig helfen und unser Land verbessern: in den Rettungsorganisationen, in den freiwilligen Feuerwehren, in der Caritas und in der Volkshilfe, in unzähligen Bürgerinitiativen.

Mein Vater hat das Rote Kreuz in Kapfenberg mitaufgebaut. Da ist ein Rettungsdienst entstanden, aber mit dem Rettungsposten auch eine neue Gemeinschaft. Diese Gemeinschaften halten Österreich zusammen.

Viele in meinem früheren Parlamentsklub haben sich gewundert, warum ich so vehement für die Erhaltung der Militärmusik in jedem einzelnen Bundesland eingetreten bin. Das hatte einen einfachen Grund: Bei mir zu Hause in der Obersteiermark genau wie anderswo am Land wissen alle, wie wichtig die jungen Militärmusiker als Nachwuchs für die lokale Blasmusik sind. Und die ist wichtig für etwas ganz Wichtiges: für Integration.

Die Entscheidung, ob junge Menschen im Novomatic-Lokal oder im Musikvereinslokal landen, trifft in der Folge uns alle. In der Stadt gibt es andere Wege der Integration. Am Land gehört das Mitmachen in den Freiwilligen-Organisationen zum Besten.

Es sind Hunderttausende, die hier unbezahlt Dienste leisten. Sie haben sich Unterstützung durch die Politik verdient. Aber jedes Jahr, wenn sie ihre Feste veranstalten, um ihre Arbeit besser finanzieren zu können, stellen sie fest, dass die Geldbeschaffungsfeste der Parteiorganisationen bei der Umsatzsteuer bevorzugt werden. Dann fragen sie sich: warum?

# WIR SIND PROGRAMME

„Wo ist euer Programm?" Ich zeige auf ein Foto, das uns alle zeigt: die Frauen und Männer auf meiner Liste und mich.

Wir haben keinen Plan A. Und auch keinen Plan B. Der Grund dafür ist einfach: Die Parteiprogramme von heute sind das Altpapier von morgen. Wer einmal einen Wahlkampf geführt hat, weiß, dass beim „Standl" alles mitgenommen wird. Nur eines bleibt liegen: das Programm.

Natürlich weiß das die Partei. Aber es ist ihr egal, aus einem einfachen Grund: Weil sie das Programm für sich selbst geschrieben hat – und nicht für die Menschen, die sie wählen sollen.

Früher haben Wähler Programme gelesen, weil sie ihnen geglaubt haben. Programme waren damals grundsätzliche Verpflichtungen, die eine Partei öffentlich übernahm. Inzwischen sind sie gesammelte Versprechen und damit so glaubwürdig wie die anderen Versprechen traditioneller Parteien. Das Einzige, was heute bei einem Programm sicher scheint, ist, dass es eine Ankündigung bleibt.

In unserem gemeinsamen Projekt haben wir gemeinsame Grundsätze: Gerechtigkeit, Sicherheit, Freiheit. Aber wir haben keine fertigen Antworten. Daher habe ich im Juli 2017 etwas anderes probiert: Ich lud Menschen ein, die dieselben Ziele verfolgen. Sie erklärten, was sie in den nächsten fünf Jahren im Nationalrat an konkreten Reformen umsetzen wollten: welche Gesetze sie verbessern oder neu schreiben werden; wo sie der Regierung und der Verwaltung neue Aufträge geben wollen; und wo über das Budget investiert und finanziert werden soll. Sie suchen dazu Allianzen im Haus und außerhalb. Diese Kandidatinnen und Kandidaten sind unsere Programme.

## Programm Start-up

Stephanie Cox kommt aus der Start-up-Szene. Sie weiß, welche Chancen junge Unternehmerinnen und Unternehmer für Österreich sind. Und wie viele Hindernisse ihnen im Weg stehen.

Von der Digitalisierung der Klassenzimmer bis zur Sozialversicherung von Jungunternehmerinnen will Stephanie ein neues Umfeld schaffen. Und dafür sorgen, dass der 12-Prozent-Frauenanteil bei Start-ups mit dem Programm „Female Founders" dramatisch steigt.

## Programm Kinderarmut

Maria Kern ist Lehrerin und Alleinerzieherin. Für das Frauenvolksbegehren war sie als Sprecherin tätig.

„Kinderarmut in einem der reichsten Länder der Welt ist eine Schande." Das ist der Schlüsselsatz, mit dem Maria Stern in die nächsten fünf Jahre geht. Ein-Eltern-Haushalte haben mit 42 Prozent die höchste Armutsgefährdung. Weit über 100.000 alleinerziehende Mütter sitzen gemeinsam mit ihren Kindern in der Armutsfalle.

Das muss nicht so ein. Wenn der Nationalrat will, kann er das Unterhaltsvorschussgesetz ändern. Mit einer Mehrheit, die Maria Stern mit anderen bilden will.

## Programm Steuergerechtigkeit

Im Nationalrat ist Bruno Rossmann der Experte für Steuern und Budget. Er steht einem Finanzminister, der aus persönlicher Erfahrung weiß, wie sich ein großer Konzern durch eine kleine Runde über Malta Steuern erspart, und einem Justizminister, der jahrelang in Liechtenstein der Anwalt der Steuerflüchtlinge war, seit Jahren auf Augenhöhe gegenüber. Bruno Rossmann will in den nächsten fünf

Jahren die Steuerflucht der Großen aus Österreich stoppen – und das Geld zurück ins Budget holen.

## Programm Forschung

Renée Schroeder ist Universitätsprofessorin für Biochemie. Jahrelang hat sie die Förderung der Grundlagenforschung mitorganisiert.

Wir können die Hochschulquote von 1,5 auf zwei Prozent des BIP anheben. Wir können die zersplitterten Kompetenzen für Wissenschaft und Forschung dort zusammenführen, wo sie hingehören – in einem eigenen Ministerium. Und wir können die Mittel für Grundlagenforschung im FWF verdoppeln – auf 400 Millionen pro Jahr. Nicht erst in fünf Jahren.

Grundlagenforschung ist so etwas wie das Saatgut einer Gesellschaft. Wer es aufisst, wird ein Jahr später feststellen, wie sehr es fehlt.

Davon wird Renée Schroeder den Nationalrat in den nächsten fünf Jahren überzeugen.

## Programm Konsumentenschutz

Wahrscheinlich ist Peter Kolba der bekannteste und erfolgreichste Konsumentenschützer Österreichs. Der VW-Diesel-Skandal ist seine neue Herausforderung. Aber es geht noch um mehr: immer noch um die Opfer der Fremdwährungskredite. Und ... Mit Peter Kolba kommt der Verbraucherschutz im Nationalrat an.

Aber Peter Kolba ist auch „Experte wider Willen" – als Schmerzpatient. Cannabis lindert die Schmerzen. Aber das gibt es nur synthetisch als Dronabinol. Seine Monatsration würde 800 Euro kosten. Kassen zahlen nur in Ausnahmefällen.

In Österreich gibt es eine Million Schmerzpatienten. Viele Ältere sehen nicht ein, weshalb sie vor „Sucht" beschützt werden. Sie wollen möglichst ohne Schmerzen leben. Peter Kolba will, dass ihnen der Nationalrat hilft – und nicht weitere fünf Jahre wartet.

## Programm neue Arbeit

270 Millionen Überstunden. 69 Prozent der unter 25-Jährigen ohne stabiles Arbeitsverhältnis. Immer mehr prekä-

re Arbeitsverhältnisse ohne ASVG. Und jetzt Plan A mit 12-Stunden-Tag? Mit Eltern, die am Abend nur noch eine Stunde für das gemeinsame Kind haben? Betreuungskinder statt Familienkinder?

Daniela Holzinger kandidiert nicht mehr für die SPÖ als Abgeordnete. Jetzt tritt sie für uns an. Und für eine neue Sicherheit auf neuen Arbeitsmärkten.

## Programm digitale Welt

Hannes Werthner ist Dekan für Informatik an der Technischen Universität Wien. Er arbeitet an einem Plan zur politischen Gestaltung der Digitalisierung. Wir können zusehen, wie alles anders wird. Oder wir können es so gestalten, dass es besser wird.

Hannes Werthner will 50 zusätzliche Professuren für Digitalisierung, weil nur so eine gemeinsame Strategie aus Forschung und Ausbildung garantiert ist. Er will, dass statt 120 nur noch 60 Studentinnen und Studenten auf einen Professor kommen. Und er will ein großes Forschungsinstitut für die Gestaltung der digitalen Welt, damit Österreichs neue Strategie ein Zentrum hat.

Das will Hannes Werthner in den nächsten fünf Jahren durchsetzen. Gemeinsam mit vielen Wissenschaftlern und Studentinnen.

## Programm Denkmalschutz statt Investorenschutz

Wenn zwei denkmalgeschützte Zinshäuser in der Wiener Werdertorgasse um 26,2 Millionen Euro gekauft und nach Aufhebung des Schutzes fünf Jahre später um 48 Millionen Euro weiterverkauft werden, …

Wenn der Bürgermeister von Illmitz im Naturschutzgebiet ein Hotel bauen lässt, …

Wenn die denkmalgeschützte Jugendstilkapelle in St. Pölten zufällig Opfer von „Vandalen" wird und den neuen Bauherrn nicht mehr stört, …

Wenn die Stadt Wien das Weltkulturerbe Spekulanten aus dem organisierten Glücksspiel und aus der Hypo-Alpe-Adria-Partie opfert, …

Und wenn das Denkmalamt selbst vor Baulöwen in die Knie geht, …

… dann muss aus zahnlosem Denkmalschutz und einer „investorenfreundlichen" Politik endlich eine funktionierende Spekulantenabwehr werden. Mit Akteneinsichtsrecht für alle und einem Verbandsklagerecht für Initiativen und Vereine.

Das will unser Kultursprecher Wolfgang Zinggl in den nächsten fünf Jahren durchsetzen.

## Programm Tierschutz

Sebastian Bohrn-Mena hat in der Erwachsenenbildung gearbeitet. Sein großes, aber nicht einziges Anliegen ist der Tierschutz.

Sein Ziel: Österreich ohne Tierfabriken. Und Schluss mit Massentiertransporten. Das geht. Mit massiver Kontrolle, gezielten Verboten und Kennzeichnungspflichten.

Sebastian Bohrn-Mena will das beweisen. Und jede einzelne Tierfabrik schließen. In den nächsten fünf Jahren.

## Programm Bürgerinformation

Rechtsanwalt Alfred Noll hat ein ganz einfaches Ziel: die Aufhebung des Amtsgeheimnisses. Etwas Selbstverständliches, das – weil es so wichtig ist – immer wieder auf derselben langen Bank landet.

Datenschutz für die Bürger und Bürgerinnen und nicht Datenschutz vor den Bürgern und Bürgerinnen. Die Zeit ist reif, und Alfred Noll will es gemeinsam mit denen, die jetzt jahrelang dafür gekämpft haben, im Nationalrat wissen.

## Und mein Programm

Mein Programm ist klar: weiter gegen Korruption. Den Kampf gegen Eurofighter 2018 erfolgreich abschließen. Die Korruptionsgesetze verschärfen.

Aber vor allem: für Gerechtigkeit sorgen. Arbeit, Einkommen und Lebenschancen endlich wieder von oben nach unten verteilen. Weil genug für alle da ist. Und – noch einmal – weil es wichtig ist und weil es geht.

Und für Sicherheit, vor den Feinden unserer Freiheit, dem Rechtsextremismus und dem politischen Islam.

## Weil es geht

Unsere Liste zeigt: Die hohe fachliche Qualifikation war das wichtigste Kriterium, nach dem wir unsere Liste zusammengestellt haben. Das zweite Kriterium heißt „Engagement". Unsere Experten und Expertinnen sind die Aktivisten für ihre Programme. Sie werden überzeugen, verhandeln und kämpfen.

Wir werden in unserem neuen Parlamentsklub nicht alles durchsetzen, aber möglichst viel. Das geht, aus drei Gründen:

- weil sich das Parlament ändert;
- weil wir nicht nur für etwas stehen, sondern etwas tun; und
- weil die Zeit reif ist für viele konkrete Reformen.

Weil es einfach geht, jetzt.

## NETZ STATT PARTEI

Wir haben kein Parteiprogramm. Das hat einen Grund: Wir sind keine traditionelle Partei, und wir werden auch keine.

Als ich gemeinsam mit vielen anderen vor 32 Jahren die österreichischen Grünen gegründet habe, war eines klar:

Das wird eine Partei. Wer eine Form der gemeinsamen Gestaltung von Politik wollte, fand damals nur eine Lösung: einen Verein namens „Partei". Nicht zufällig war „Partei" lange Zeit die einzige verlässliche Antwort auf die Frage nach der Form, sich gemeinsam politisch zu organisieren. Diese Zeiten sind vorbei.

Heute wechseln wir ständig die Räume, von der realen Welt in die virtuelle und wieder zurück. Wir kommunizieren schnell und vernetzt. Für uns wird ein neues Netz die Antwort auf die alte Frage nach der „Partei" sein.

Wie soll das aussehen? Darauf gibt es eine einfache Antwort: Ich weiß es noch nicht. Wir wollen uns das Schritt für Schritt erarbeiten.

Die erste Anforderung lautet: das Wichtige erfahren. Dazu soll unser Netz der Ort werden, wo wir zuhören. Was wollen uns die Menschen erzählen? Was wollen sie mit uns verändern? Und was erwarten sie von uns?

Im zweiten Schritt wollen wir konkrete Aufforderungen: Initiativen, die wir im Nationalrat umsetzen werden.

Im dritten Schritt geht es um Vernetzung: um gemeinsame Debatten und Initiativen. Um die Verlinkung unseres Netzes mit Personen und Gruppen vor Ort. Um die Möglichkeit, damit direkt zu aktivieren und dann, wenn es gebraucht wird, Verstärkung zu holen.

In diesem Netz werden sich in einem vierten Schritt auch neue Menschen für neue Aufgaben qualifizieren. Verantwortung übernehmen und, wenn wieder Wahlen kommen, kandidieren.

Wer wird über das alles bestimmen?

Keine Partei, wie wir sie kennen, das steht fest. In allen traditionellen Parteien gibt es nur zwei Formen der Bestimmung: Entweder hat die Führung oder die Verwaltung der Partei das Sagen. Autoritäre oder bürokratische Führung – das sind die zwei Führungsprinzipien traditioneller Parteien.

Über unsere parlamentarische Arbeit bestimmen wir, sonst niemand. Niemand wird uns eine „Parteilinie" erklären oder eine „Sprachregelung" mitteilen. Mangels Partei wird uns niemand „parteischädigendes Verhalten" vorwerfen können. Was uns zusammenhält, ist nicht Parteidisziplin, sondern Vertrauen. Unsere gemeinsamen Ziele und die Projekte, die uns ihnen näherbringen.

## UNSER PARLAMENT

Für eine neue Politik brauchen wir ein neues Parlament.

Als wir 1986 zu acht in den Nationalrat einzogen, fanden wir eine besondere Menschenart vor: Abgeordnete. Sie trafen sich in Ausschüssen, hörten dort freundlich zu und hoben ihre Hände, wenn der Vorsitzende einen Regierungsantrag abstimmen ließ. Einer von ihnen hatte die Aufgabe zu erklären, welcher Antrag der Regierung gerade verhandelt wurde. Wenn er – was zum Glück selten vorkam – den falschen vorlas, fiel das in der Regel niemandem auf.

Einmal im Monat trafen sich die Abgeordneten im Plenarsaal. Dort war alles gleich – bis auf ein Detail: Die Abgeordneten hoben nicht ihre Hände, sie standen als Zeichen der Zustimmung zur Regierung auf.

Am Morgen eines jeden Plenartages standen die Ordner der Parteien rechts am Ende der Regierungsbank. Dort meldeten sie ihre Redner gleich zu allen Punkten der Tagesordnung. Die Zahl ihrer Redeminuten meldeten sie. Damit war zweierlei klar: Als Nummer 157 wusste man, wann man am Abend an der Reihe war. Und: Alle würden wie immer aneinander vorbeireden. Man hielt ja eine Rede – und diskutierte nicht miteinander.

Vor den Ausschüssen traf sich der Minister mit den Abgeordneten seiner Partei. Dort bekamen alle eine kleine Hilfe: Mitarbeiter des Ministers hatten Fragen der Abgeordneten an den Minister aufgeschrieben – und die Antwort ihres Chefs gleich hinzugefügt. Einmal bekam ich das ÖVP-Papier vor der Sitzung. Ich saß dem Innenminister gegenüber und konnte wörtlich mitlesen, wenn er eine beinharte Frage eines Parteifreundes bravourös beantwortete.

Ich kann mich noch gut an eine meiner ersten Begegnungen im Couloir des Plenarsaals erinnern. Josef Cap begrüßte mich freundlich, fragte mich, ob ich mich schon eingelebt habe, und erklärte mir das Wichtigste zuerst: die Pensionsregelung. Das war verständlich, weil die Pensionierung in rund 30 Jahren das nächste Ereignis außerhalb der Routine von Partei und Klub sein würde.

So war das 1986, und so ist es noch viele Jahre geblieben. Abgeordnete der Regierungsparteien bejubelten jeden Unsinn ihres Ministers, und Abgeordnete der Opposition begründeten, warum auch einzelne gute Ideen ohne Ausnahme falsch und schlecht waren.

Die seltenen grünen Versuche, konstruktiv mitzuarbeiten, scheiterten oft an mangelnder Verhandlungslust ihrer Gegenüber.

In den letzten Jahren hat sich das geändert. Irgendwann habe ich gespürt, dass einzelne Abgeordnete der Regierungsparteien nicht mehr so weitermachen wollten. Der Erste war Otto Pendl, Sicherheitssprecher und stellvertretender Klubobmann der SPÖ. Er hatte oft genug seiner Partei die Mauer gemacht, jetzt, so erzählte er mir am Rande einer Plenarsitzung, sei es Zeit für etwas anderes. „Das Parlament, das müssen wir stärken!"

Wir wussten beide, dass die laufenden Verhandlungen zur Reform des Untersuchungsausschusses wieder einmal vor dem Scheitern standen. Rot, Schwarz, Grün und Blau hatten sich in alter Gewohnheit einbetoniert. Alle betonten, dass sie ja eigentlich wollten. Aber es war klar, es ging wieder nichts. Der Untersuchungsausschuss würde auch diesmal nicht das Recht einer parlamentarischen Minderheit werden.

In seinem nach Pfeifenrauch duftenden Büro an der Rückseite des Parlaments bot mir Otto Pendl eine Allianz an. „Probier ma's, Peter!"

Wir haben es probiert. Dazu brauchten wir Verbündete. Wir fanden sie schnell: Reinhold Lopatka und Andreas Schieder, die Klubobmänner der beiden Regierungsparteien. Beide wussten, dass sie die Reform auf Dauer nicht aufhalten können würden. Und ihnen war klar, dass sie für dieses Scheitern noch mehr öffentliches Vertrauen verlieren würden. Aber das wichtigste persönliche Motiv war auch bei Lopatka und Schieder dasselbe: Sie wollten ein besseres Parlament.

Schieder konnte Klub und Partei schnell überzeugen. Lopatka stand vor der weit schwierigeren Aufgabe. Viele in der ÖVP konnten sich gut erinnern, wie unangenehm die Untersuchungsausschüsse zum Innenministerium und zur Korruption von BUWOG bis Telekom für ihre Partei gewesen waren. Als Lopatka in seine entscheidende Klubsitzung ging, wusste er nicht, ob er sich durchsetzen würde.

Letztlich hat Lopatka seinen Klub überzeugt. Damit hatten wir genug Unterstützung, um die bisher größte Stärkung des Parlaments zu beschließen.

Warum geht plötzlich viel, was Jahrzehnte lang nicht gegangen ist? Wir haben etwas aufgebaut, was im alten Parlament nur in Ansätzen vorhanden war: Vertrauen zwischen Abgeordneten. Das entsteht ganz einfach: indem man etwas gemeinsam versucht und feststellt, dass man sich aufeinander verlassen kann.

Am 24. September 2015 haben wir gezeigt, wie das geht. Am Höhepunkt der syrischen Flüchtlingswelle war klar: Nur wer massiv vor Ort hilft, kann Flüchtlinge aus dem syrischen Krieg dazu bringen, in der Nähe der syrischen Grenzen zu warten. Nördlich von Amman leben knapp 80.000 syrische Flüchtlinge im Lager Zaatari. Viele von ihnen sind Frauen mit kleinen Kindern. Wenn sie ein Dach über dem Kopf, Lebensmittel, medizinische Versorgung und – das ist vielen das Wichtigste – Schulen für ihre Kinder haben, dann bleiben fast alle. Das World Food Programme versorgt die Flüchtlinge mit Nahrungsmitteln und hat dafür gemeinsam mit dem lokalen Handel ein innovatives System aufgebaut. Ab dem Frühjahr 2015 stand das WFP in Jordanien immer wieder ohne Geld da. Die Versorgung drohte zusammenzubrechen.

Es war nicht notwendig, meine Kollegen in den anderen Fraktionen zu überzeugen. Von SPÖ und ÖVP bis FPÖ und Neos waren alle sofort dabei. Wir hatte nur ein Problem: Außenminister Kurz wollte nicht. Ich rechnete ihm im außenpolitischen Ausschuss vor, wie viel er aus dem Budget seines Ministeriums für Inserate ausgab. Ich fragte ihn, warum sein Beitrag für das weltweite Programm des WFP genau null war. Aber Kurz war das egal. Die Menschen in den Lagern interessierten ihn nicht.

Da beschlossen wir, dem desinteressierten Minister einen Auftrag zu geben. Am 24. September 2015 fassten wir dazu einen einstimmigen Beschluss im Nationalrat. Vizekanzler Mitterlehner und Finanzminister Schelling halfen später trotz Kurz, die ersten fünf Millionen aus dem Budget zu finanzieren.

Als ich im Frühjahr 2016 Zaatari besuchte, erzählte mir eine WFP-Mitarbeiterin von der großen österreichischen Überraschung: „Uns ist das Geld ausgegangen. Wir waren gerade dabei, die Lebensmittelausgabe zu stoppen. Plötzlich waren fünf Millionen aus Österreich da. Das war irgendwie ein Wunder."

Inzwischen ist die enge Zusammenarbeit einer wachsenden Zahl von Abgeordneten kein Wunder mehr. Wir wissen, dass ein starkes Parlament unsere Demokratie stärkt. Wenn die Regierung streitet, kann ein Parlament der sachlichen Zusammenarbeit viel Vertrauen retten. Und: Es macht einfach mehr Spaß, gemeinsam zu arbeiten und etwas zusammenzubringen.

## DIE VERTEIDIGUNG ÖSTERREICHS

Jede offene Gesellschaft ist offen für ihre Feinde. Sie können einreisen, sich niederlassen, ihre Ideen entwickeln und für sie werben. Sie können sich versammeln und sich Wahlen stellen.

Aber eines ist klar: Wenn eine offene Gesellschaft hier keine Grenzen setzt, wird sie wehrlos. Wer die Außengrenzen Europas öffnet, gefährdet die Offenheit unserer Gesellschaft.

Heute sind wir gezwungen, unsere Heimat Österreich zu verteidigen. Dazu stehen uns ausreichend Mittel zur Verfügung: Polizei, Verfassungsschutz und vor allem die Bürgerinnen und Bürger, die bereit sind, für unsere freie und offene Gesellschaft einzustehen.

Wer sind die Feinde unserer Heimat Österreich, unseres Verfassungsstaats, unserer Grundrechte und unserer Freiheiten?

Einige von ihnen sitzen in Moscheen, andere im Parlament und in der Bundesregierung. Sie haben unterschiedliche Motive und unterschiedliche Ziele. Die einen brechen Gesetze, die anderen lassen Gesetze beschließen. Die einen erklären unserer Gesellschaft den Krieg. Die anderen schränken unter dem Deckmantel des „Kriegs gegen den Terrorismus" unsere Freiheiten ein. Sie sind nicht miteinander zu vergleichen – aber sie bedrohen alle auf ihre Art unsere Freiheit.

Auf der einen Seite stehen die Hassprediger des Islam. Von der türkischen Millî Görüş bis zu den bosnischen Wahhabiten, die zwischen Gornja Maoča und Graz pendeln, bauen klar verfassungsfeindliche Gruppen ihre Stützpunkte in Österreich. Sie rekrutieren ihre Anhänger, versammeln sich in ihren Lokalen und planen ihre Aktionen gegen unsere Republik. Einige von ihnen sind bereit, zu Waffen zu greifen. Andere leben ihren Hass nur politisch aus.

Sie können sich dabei auf ihre Gegenüber blind verlassen. Der Hass auf der nationalistischen Rechten steht dem der Islamisten um nichts nach. In ganz Europa werden Moscheen geschändet und Flüchtlingsheime angezündet. Die Opfer der rechten Hetzer stellen dann verwundert fest, dass die Angriffe auf sie erstaunlich wenig Aufmerksamkeit erregen.

Auf die kriminelle Hetze beider Seiten gibt es nur eine Antwort: den Rechtsstaat mit allen seinen Mitteln, Polizei, Verfassungsschutz und Strafgericht. Wenn wir diese Verteidigung ernst meinen, müssen wir den Verteidigern bessere Mittel in die Hand geben. Das betrifft vor allem die Polizei. Weil der Verfassungsschutz Polizei ist, stehen ihm die vielfältigen Mittel eines Nachrichtendienstes nicht zur Verfügung. Aber genau das braucht Österreich, wenn die Republik nicht weiterhin blind gegenüber ihren härtesten Feinden sein will: einen parlamentarisch penibel kontrollierten Nachrichtendienst im Bundeskanzleramt, der seine Erkenntnisse verlässlich an Polizei und Strafjustiz weitergibt.

Die innere Bedrohung unserer offenen Gesellschaft kommt aus der „Sicherheitspolitik". Seit mehr als 20 Jahren bauen Innenminister der ÖVP am österreichischen Überwachungsstaat. Ihr Ziel ist eine massive Verlagerung der Balance zwischen Freiheit und Sicherheit. Ihr Staat verdächtigt uns alle. Daher sollen wir alle überwacht werden – unsere Handys, unsere Computer, unsere Autos, unsere Bewegungen und unsere Kontakte.

Das Polizeiliche Staatsschutzgesetz hat schon einen Anfang gemacht: Wer verdächtigt wird, irgendwann in der Zukunft ein Hassposting zu verfassen, darf vom Verfassungsschutz überwacht werden. Eine bloße Vermutung über ein kleines zukünftiges Delikt reicht, und man landet gemeinsam mit seinen „Kontakten" aus Familie, Freundeskreis und Beruf in der Datenbank des Staatsschutzes. Von dort gehen die Daten oft unkontrolliert weiter, an die „befreundeten Dienste" CIA, BND und GCHQ.

Aber was bringt das? Die einfache Antwort lautet: nichts. Für die Vorbeugung terroristischer Anschläge sind diese Daten weitgehend wertlos. In Frankreich, Belgien und Großbritannien arbeitet die Massenüberwachung weit engmaschiger als bei uns. Dort stellt sich nach terroristischen Anschlägen fast immer heraus, dass die späteren Täter amtsbekannt waren. Die Einzigen, die weitab von ihnen im Niemandsland suchten, waren die Verfassungsschützer mit ihren flächendeckenden Scannern.

Warum fordern Innenminister und Justizminister dann immer neue Instrumente? Meiner Erfahrung nach stehen dahinter Hilflosigkeit und ein Kalkül. Die Hilflosigkeit hat mit der geringen fachlichen Kompetenz der Minister zu tun. Ein Innenminister, der als ausgebildeter Musikschullehrer in Niederösterreich Milliarden an Steuergeldern verspielt hat, erwirbt dadurch kaum einschlägige Kompetenzen in der Bekämpfung des Terrorismus. Das Kalkül ist ganz einfach: Der Minister und seine Partei spielen mit dem Sicherheitsgefühl. Aus jedem Übergriff wird eine Bedrohung, und auf jeder Bedrohung folgt ein Ruf nach einem neuen Instrument. Wer in der Sicherheitspolitik als Rambo auftritt, braucht immer spektakulärere Waffen.

Wenn Innenminister zu Feinden der offenen Gesellschaft werden, hilft kein Ruf nach Polizei. Die Einzigen, die ihm und seiner Partei entgegentreten können, sind mündige Bürgerinnen und Bürger. Sie können ihn kritisieren und gegen ihn demonstrieren. Und sie können vor allem eines: ihn abwählen.

Die offene Gesellschaft hat nur eine solide Basis: das öffentliche Engagement ihrer Bürgerinnen und Bürger. Wer sich auf andere verlässt, verlässt die offene Gesellschaft.

Auch wenn manche einen anderen Eindruck vermitteln –
wir sind die Mehrheit, ganz sicher. Wir müssen den Feinden unserer Heimat Österreich nur zeigen, dass wir sie
verteidigen, mit allen Mitteln von Rechtsstaat und Demokratie. Darauf kommt es an.

## VERTEIDIGEN UND ERWEITERN

Wir verteidigen und erweitern die Basis unserer Gerechtigkeit, den Sozialstaat. Wer den Sozialstaat bloß verteidigt,
reduziert die Auseinandersetzung auf ein „Mehr" oder
„Weniger". Wir verteidigen das funktionierende Netz, das
den Menschen in Österreich ein Maß an Lebenssicherheit
gibt, von dem Amerikaner nur träumen können. Aber wir
müssen das Netz auch neu knüpfen: für Hunderttausende
junge Menschen in Prekariaten und instabilen Arbeitsver-
hältnissen; für Mitarbeiter, die als Scheinselbstständige in
Supermärkten Regale schlichten; für alle, die zu wenig Arbeit haben, weil andere zu viel arbeiten.

Dazu werden wir den Sozialstaat auch modernisieren.
Wozu braucht es 18 Krankenversicherungsanstalten?
Wozu die „Versicherungsanstalt des Notariats"? Mehr als
20 Sozialversicherungsanstalten brauchen nur die, denen
der Erhalt der Bürokratie wichtiger als der Erhalt des So-
zialstaates ist.

Wir verteidigen und erweitern unsere Freiheiten. Durch Datenschutz in den neuen Medien; durch Verstärkung der Safe-Haven-Regeln, die Überwachungsstaaten wie die USA von der Übermittlung personenbezogener Daten aus der EU ausschließen; durch ein verfassungsrechtliches Verbot der Massenüberwachung; durch Informationsfreiheitsgesetze, die die Bürger und Bürgerinnen endlich über das Amt stellen.

Wir verteidigen uns gegen die Feinde unserer offenen Gesellschaft. Dazu brauchen wir keinen „österreichischen Islam", so wie wir in der Vergangenheit keine „österreichische katholische Kirche" gebraucht haben. Wir brauchen einen Islam, der die Trennung von Religion und Staat, die Unabhängigkeit der Justiz, die Gleichberechtigung von Frauen und Männern und das Verbot deren Trennung und die freie Entscheidung über alle Formen des Zusammenlebens bedingungslos anerkennt. Nur für diesen Islam ist bei uns Platz.

Seine Lehrer sollen nicht mehr aus türkischen oder saudischen Koranschulen, sondern von österreichischen Universitäten kommen. Und unsere Schulen und Kindergärten sollen keiner Religion angehören. Wenn dort Religion unterrichtet wird, dann ist das neben einem verpflichtenden Ethik- und Gesellschaftskundeunterricht ein freiwilliges Fach unter sachkundiger Aufsicht von Behörden, die ihre Verantwortung ernst nehmen.

Vielleicht kommt auch der Punkt, wo wir hier „erweitern"
und das Modell eines aufgeklärten Islams für die noch von
der islamischen Reaktion beherrschten Menschen attrak-
tiv wird.

Vor allem verteidigen wir aber unsere Umwelt. Ohne Klimaschutz und die Ökologisierung von Wirtschaft und
Verkehr verlieren wir die wichtigste Grundlage unseres
schönen Lebens. Wenn es uns nicht gelingt, unsere Heimat
vor dem Klimawandel doch noch zu schützen, werden wir
sie bald nicht mehr wiedererkennen.

Diese Frage haben die Grünen erfolgreich in die Politik
gebracht. In diesem Schlüsselbereich sind sie eine wichtige und verlässliche Partei. Es ist wichtig, dass sie sich bei
Klimaschutz und ökologischem Umbau im nächsten Parlament auf die Unterstützung eines neuen Klubs verlassen
können.

## SCHWARZ-BLAU – ODER WIR

Auch wenn diesmal eine dünne Schicht Türkis darüber
glänzt: Schwarz-Blau hatten wir schon, sechs Jahre lang,
von 2000 bis 2006. In diesen Jahren interessierte Kanzler
Schüssel und seine Partei nur eines: die totale Macht. Dabei war die Natur der FPÖ ihr wichtigstes Kapital. Schüssel

wusste: Die FPÖ ist die natürliche Partei der Korruption. Wenn irgendwo ein Budgettrog in Sicht kommt, wird diese Sicht gleich wieder durch eine Phalanx blauer Rücken verdeckt. Grasser; Gorbach; Westenthaler; Rumpold; Riess-Passer; Meischberger; Scheuch; Scheibner; Haider; Dobernig; Dörfler; Plech; Petzner – das war die FPÖ 2000 bis 2006.

Heinz-Christian Strache war damals schon auf der Welt – und ist seit 1996 Mitglied des Wiener Parteivorstands der FPÖ. An seine gemeinsamen Fotos mit Karl-Heinz Grasser erinnert er sich heute nicht mehr gerne. Aber so ist das mit dem freiheitlichen Gedächtnis: Es pflegt mit den Tüchtigen mitzuflüchten.

Offensichtlich haben sich die Zeiten nicht ausreichend geändert. Im Oktober 2017 will Sebastian Kurz mithilfe der FPÖ Kanzler werden. Wie Schüssel ist er bereit, jeden Preis dafür zu zahlen. Wie sein Mentor weiß er, dass die Rechnung am Ende statt der ÖVP wieder die Steuerzahler begleichen werden.

Nur eines ist diesmal anders: Erstmals steht mit Christian Kern ein Chef der SPÖ mit roten Nelken am Portal der FPÖ.

Die wirtschaftliche Bilanz von Schwarz-Blau ist verheerend: Eurofighter, Telekom, BUWOG, Hypo Alpe Adria,

Tetron, Justiztower – der Schüssel/Haider/Grasser-Schaden liegt weit jenseits der zehn Milliarden.

Aber ÖVP und FPÖ haben gemeinsam noch etwas weit Wertvolleres demoliert: das Vertrauen in Demokratie und Rechtsstaat. „Alle Politiker sind Gauner" – dieser Stehsatz auf Österreichs Straßen ist das beständigste politische Erbe von Schwarz-Blau.

Nach Schüssels Abwahl 2006 war klar: Das darf nie wiederkommen. Und jetzt ist es wieder so weit. Also stellt sich eine einfache Frage: Wer verhindert Schwarz-Blau?

Als Kandidatin Nummer 1 präsentiert sich die SPÖ. Ihr Argument ist einfach: Wenn die SPÖ weiter regiert, ist Schwarz-Blau bereits verhindert. Aber eines sagt Kern nicht dazu: Wie er die rechnerische Mehrheit von ÖVP und FPÖ verhindern will. Er sagt das aus einem guten Grund: weil er es nicht weiß. Die SPÖ-Spitze weiß nur eines: dass sie nicht in der Lage ist, aus eigener Kraft eine rechnerische Mehrheit von ÖVP und FPÖ zu verhindern.

Daher setzt sie auf eine andere Lösung: Weil sie die freiheitlichen Wähler nicht gewinnen kann, wirbt sie um die Spitze der FPÖ. Wenn sich Kern nicht Kurz unterwerfen will, muss er Strache gewinnen.

Meine Ex-Partei, die Grünen, ist Kandidatin Nummer 2. Die Grünen haben die Verhinderung von Schwarz-Blau zu ihrem Hauptziel gemacht. Dazu müssten sie zu den 12,42 Prozent von 2013 deutlich hinzugewinnen. Das scheint ausgeschlossen. Seit mehr als einem Jahr verlieren die Grünen. Wenn sie die Verluste am 15. Oktober in Grenzen halten, ist das bereits ein Erfolg.

## WEISS

Also bleiben wir. Aber wie wollen wir das schaffen, woran SPÖ und Grüne scheitern? Die Antwort liegt in unserer Farbe: Weiß.

Wir wissen: Die Zeit der Wechselwähler, die sich genau die mögliche Wirkung ihrer Stimme überlegten, ist vorbei. In ganz Europa werden Wahlen von zwei neuen Gruppen entschieden: Protestwählern und Weißwählern. Beide Gruppen haben Zulauf: die Protestwähler mit rund 20 Prozent der Stimmen, die Weiß- und Nichtwähler mit etwa einem Drittel der Wahlberechtigten.

Protestwähler wollen nur eines: eine möglichst laute Stimme gegen die „etablierte Politik". Weißwähler sind ihnen einen Schritt voraus: Sie haben sich bereits vom System abgewandt. Für sie gibt es keine wählbare Alternative mehr.

Sollen die Protestwähler jetzt mit Christian Kern gegen das System demonstrieren? Vermittelt er den Weißwählern den Eindruck einer ebenso neuen wie radikalen Alternative zum System? Die Antwort auf beide Fragen lautet Nein. Bei den Grünen ist das nicht anders.

Aber sind diese Menschen überhaupt zu gewinnen?

Seit vielen Wahlen geben Protestwähler ihre Stimmen der FPÖ. In manchen Parteien hält man das inzwischen für ein Naturgesetz. Aber ich kenne keinen Protestwähler, der als Freiheitlicher auf die Welt gekommen ist. Protestwähler ist man nicht, man wird es, wie man Weißwähler wird.

Überall in Europa zeigen Wahlen, dass der Protest mindestens zwei Seiten kennt. Er ist nicht von Natur aus rechts. Er fühlt sich dort zu Hause, wo er seinen stärksten politischen Ausdruck findet. Das war bis jetzt die FPÖ. Ab jetzt sind das wir.

Die größte Chance für eine neue Mehrheit liegt aber bei denen, die nicht mehr wählen gehen. Sie haben sich von den alten Parteien abgewandt, endgültig. Egal, wie sich die ÖVP neu färbt oder der Kandidat der SPÖ verkleidet – sie kommen nicht mehr infrage.

Es geht um eine Alterative, um eine „andere" Politik. Wir versuchen das. Wahrscheinlich haben wir da von allen, die sich der Wahl stellen, die besten Chancen. Weil wir ein neues Projekt und ein neuer Versuch sind.

Wenn es uns gelingt, einen wesentlichen Teil der Nicht-wähler zurück an die Urnen und damit in die politische Entscheidung zu bringen, ist vieles möglich.

## MEIN ÖSTERREICH

*„Wir sollten die Augen auf Europa richten, denn wir sind exilierte Europäer, außerdem ausreichend weit exiliert, so dass wir Europa betrachten können, denn in Europa kann man vor Bäumen den Wald nicht sehen. Wir dagegen können sehr wohl diesen großen Wald sehen, diesen jahrhundertealten Wald namens Europa, und wir können seine Einheit wahrnehmen."*

Der wunderbare argentinische Schriftsteller Jorge Luis Borges hat das aus der Ferne geschrieben.

Wir sollten die Augen auch auf Österreich richten. Ein paar Eigenschaften machen unser Land zu etwas Besonderem: Es ist schön, reich, und es ist klein. Niemand fühlt sich von Österreich bedroht. Das alles beschreibt eine Chance. Wer, wenn nicht ein chancenreiches und niemanden bedrohendes Land sollte die Reformen ausprobieren, die sich andere nicht zutrauen?

Man kann den Satz von der „kleinen Welt, in der die große Probe hält" einmal mit Zuversicht lesen. Von der großen ökosozialen Steuerreform und den exzellenten Universitäten bis zur gelungenen Integration und dem verlässlichen Schutz vor Bedrohungen ist alles möglich. Die Voraussetzungen sind da. Es liegt nicht am Talent und meist auch nicht am Geld. Es liegt an der Politik.

Wieder einmal stehen wir an einer Weggabelung. Die ÖVP scheint erstmals bereit, der FPÖ nach Višegrad zu Viktor Orbán und seinen Verbündeten zu folgen. Der Weg führt in die Isolation.

Wir gehen einen anderen Weg. Wir können Europa zeigen, dass wir von der Gerechtigkeit bis zur Sicherheit große Fragen mit Engagement und praktischer Vernunft lösen können. Wir können im Parlament neue Mehrheiten dieser Vernunft bilden.

Wir können zeigen, wie es geht. Etwas Besseres können wir nicht tun.

## Der Autor

**Peter Pilz**, geboren in Kapfenberg, studierte Volkswirtschaft in Wien. Er ist Gründungsmitglied der Grünen und zog 1986 für sie ins Parlament ein.
Im Zuge seiner politischen Tätigkeit war er unter anderem Klubobmann im Wiener Rathaus und Bundessprecher.

Peter Pilz machte sich einen Namen als Aufdecker der Affären von Lucona und Noricum bis Kurdenmorde, Wiener Baukartell, Telekom und NSA/BND. Er war auch Vorsitzender des ersten parlamentarischen Eurofighter-Untersuchungsausschusses.

Im Juli 2017 verließ er die Grünen und gab bekannt, mit seiner eigenen Liste für die Nationalratswahl zu kandidieren.

Lieblingsautorin: Mercè Rodoreda
Lieblingsfarbe: transparent

https://listepilz.at/